져도
이기는
비즈니스
골프

져도 이기는 비즈니스 골프

초판 1쇄 발행 2015년 9월 25일
초판 2쇄 발행 2015년 10월 15일

지은이 김범진
펴낸이 이윤규
펴낸곳 유아이북스
출판등록 2012년 4월 2일
주소 서울시 용산구 효창원로 64길 6
전화 (02) 704-2521
팩스 (02) 715-3536
이메일 uibooks@uibooks.co.kr

ISBN 978-89-98156-46-6 03320
값 13,500원

* 이 도서의 국립중앙도서관 출판시도서목록(CIP)은 서지정보유통지원시스템 홈페이지(http://seoji.nl.go.kr)와
  국가자료공동목록시스템(http://www.nl.go.kr/kolisnet)에서 이용하실 수 있습니다.
  (CIP 제어번호 : 2015024265)

기자 출신 대기업 홍보인이 전하는
사람을 얻는 골프 기술

져도
이기는
비즈니스
골프

김범진 지음

How to Lose,
but Win a Business Golf

유아이북스

골프는 충분히 배울 가치가 있다

골프가 과연 비즈니스에 도움이 되는가에 대해선 저마다 다양한 의견이 공존한다. 사람마다 정도의 차이가 있겠지만 대부분 '사업'과 '친교' 그리고 '운동' 등 세 가지 목적이 혼재되어 있다. 골프가 고급 스포츠로 각광받던 시절에는 일부 골프 접대가 비즈니스 청탁 내지 로비 창구 등 부정적인 수단으로 인식되기도 했지만 대중 스포츠로 확산된 요즘에는 서로를 이해하고 관계를 증진시키기 위한 친교 목적으로 비즈니스 골프를 즐기는 사람이 많다.

골프가 대중화되었다고 하지만 많은 사람들은 여전히 골프를 부담스러워한다. 여러 이유가 있겠지만 한마디로 '돈과 시간이 아깝다'는 말로 정리가 될 것이다. 배울 때 어렵고 비싼 돈을 들여도 안 될 때가 더 많은 게 골프다. 또 지켜야 할 규칙이나 절차, 매너는 뭐 그리 많은지. 더욱이 한 번 치면 최소한 반나절 이상 시간이 소비된다. 그런데도 사람들은 골프, 골프하며 입에 침이 마르도록 애증을 표현한다.

그 이유를 알고 싶으면 실제 골프를 접해보는 수밖에. 비즈니스맨이라면 골프가 좋든 싫든 하든 하지 않든 간에 골프에 대한 자신의 입장을 한 번 정리해야 한다. 골프는 시간과 돈이 드는 문제이고 많은 사람들이 골프를 비즈니스의 연장선으로 활용하기 때문이다. 최소한 상대방을 이해하는 차원에서 골프를 배워볼 가치는 있는 것이다. 설령 이런 필요성을 인식해도 막상 골프에 발을 내딛기가 쉽지 않은 게 현실이다. 스크린 골프 덕분에 과거보다 좀 더 쉽게 골프를 배우고 접할 수 있게 되었지만 골프가 가진 정적인 경기 운영방식과 규칙과 전통을 중시하는 올드한 이미지는 활동적이고 박진감 넘치는 스포츠를 즐기는 요즘 젊은이들의 취향과 거리가 있다.

백돌이 수준인 저자가 이 책을 호기롭게 쓰게 된 연유도 '골프는 운동 이상으로 한번 배워볼 가치가 있다'는 생각에서 출발했다. 사실, 골프 실력만 놓고 보면 감히 책을 쓴다는 얘기를 꺼내기 부끄러울 정도지만 비즈니스 골프로 국한한다면 할 말이 조금 생긴다. 경제지 기자로 있는 동안 일찌감치 골프를 배웠고 각 분야에서 성공한 사람들과 라운드를 경험하면서 세련된 비즈니스 골프 매너를 배울 수 있었다. 동시에 투어프로와 교습가 등 다양한 골프 전문가들을 만나 인터뷰하고 직접 골프 기사를 쓸 수 있었던 것이 큰 자산이 되었다.

개인적으로 '갑'으로 통하는 기자에서 '을'인 홍보인으로 변신하게 된 것도 역지사지의 마음으로 골프를 다시 볼 수 있는 계기가 되었다. 기자 생활을 하면서 비즈니스 골프 접대를 많이 받았고 낯부끄러운 행동도 많이 했음을 뒤늦게 고백한다.

지금까지 골프를 좀 안다고 떠들어댄 셈이지만 결과적으로 일천한 경험임을 밝힌다. '남을 못 가르쳐서 안달 난 90대 골퍼의 전형'으로 너그럽게 봐주셨으면 하는 마음이다. 끝으로 책을 쓰도록 용기를 준 아내 정은, 그리고 사랑스런 딸 서연이와 아들 동언이에게 감사의 말을 전한다.

김범진

목   차

18홀 안에 이뤄지는 비즈니스

2장 서로 배려받는 배려 골프

3장 싱글 플레이어가 되는 원포인트레슨

1부

18홀 안에 이뤄지는 비즈니스

비즈니스맨이라면 골프에 대한 생각을 정리할 필요가 있다.
누군가는 접대나 비즈니스 관계 증진을 위해 골프를 활용한다.
접대 골프도 엄연히 비즈니스의 일부분이다.
골프를 하며 자연스러운 분위기에서 나오는 말 한마디는
비즈니스 관계 형성의 윤활유 역할을 한다.

1홀

골프와 다른
비즈니스 골프

◉ 멤버 구성의 묘미

동반자의 요구와 흥미 고려해 멤버 선정

▶ A금융사의 조 전무는 오랫동안 알던 VIP 고객과 처음으로 비즈니스 골프를 치게 됐다. 법인 소유의 명문 골프장을 골라 가장 좋은 시간대로 예약도 마쳤다. 남은 건 동반자를 선정하는 일이었는데 몇 가지 어려움이 있었다. VIP 고객이 핸디캡 32의 비교적 초보 골퍼였고 필드에서 원포인트레슨을 받기 원했다.

게스트guest(동반자)는 조심스럽게 "저를 가르쳐주는 티칭 프로와 동반해도 될까요?"라고 물어왔다. 그리고는 게스트는 조 전무에게 동반자를 데려올 것을 권유하며 "티칭 프로를 데려가는 게 쑥스럽고 눈치가 보이니 회사나 업무와 관계된 사람이 아니었으면 좋겠다"고 부탁했다.

조 전무도 즉각 반겼지만 남은 동반자를 누굴 데려가야 하나 고민이었다. 게스트가 초보인데다 낯선 티칭 프로까지 동반하는 라운드다 보니 게스트를 만족할 만한 동반자가 쉽게 떠오르지 않았다. 3인 플레이를 할까 고민하다가 마침내 조 전무는 한 동반자를 데려갔다. 다행히도 비즈니스 골프는 기대 이상으로 즐겁게 끝났다. 과연 누구를 데려갔던 걸까?

동반자는 뜻밖에도 조 전무의 부인이었다. 2년 전 처음 골프를 배운 부인은 '백돌이(100타를 깨는 게 목표인 초보 골퍼를 지칭하는 말)'로 필드에 나간 것도 고작 2번에 불과했다. 괜히 부인을 데려간다고 얘길 꺼냈다가 눈치 없는 사람으로 취급 받는 건 아닐까 걱정이 들었지만 게스트는 의외로 "저야 땡큐죠"라고 긍정적으로 답했다. 잘됐다 싶어 조 전무는 곧바로 안사람에게 전후 상황을 설명하고 아내를 데려갔던 것이다.

부인을 데려간 조 전무는 VIP 고객과 함께 필드에서 티칭 프로에게 원포인트레슨을 받으면서 화기애애하게 라운드를 마쳤다. 나중에 이 인연으로 조 전무와 VIP 고객은 같이 부부 동반 골프를 치는 사이로 발전했다. 부인끼리 서로 친밀해지자 비즈니스도 술술 풀렸다.

조 전무는 "상대방이 원하는 게 무엇인지, 또 즐겁게 골프를 칠 수 있는 방법이 무엇인지 고민해 동반자를 선정하는 것이 중요하다. 게스트뿐 아니라 그의 부인이나 가족과 동반해 골프를 치게 되면 서로의 관계를 자연스럽게 오래 유지할 수 있다"고 귀띔했다.

비즈니스 골프에서 가장 중요한 것은 멤버 구성이다. 일단 호스트host(초청자)나 게스트가 되기 위해선 평균 90타 안팎의 골프 실력을 갖고 있어야 한다. 백돌이 실력으로는 제대로 된 비즈니스 골프를 하기 어렵다. 물론 위 경우처럼 게스트가 초보자일 경우 상황은 다르다.

이럴 때일수록 동반자 선정에 더 세심한 주의와 배려가 필요하다. 선정 포인트는 게스트가 이 만남을 통해 무엇을 얻을 수 있는지를 고려하는 것이 1순위다. 호스트가 원하는 목적은 그다음 문제다.

예를 들면 이런 식이다.

중소기업의 김 사장은 조찬 모임을 통해 굴지의 법무법인에 다니는 이 변호사를 알게 됐다. 그는 의료소송 분야에서 명성을 쌓은 인물이었다. 김 사장은 이 변호사와 사업적으로 좀 더 깊은 관계를 맺고 싶어 비즈니스 골프를 치려고 했지만 번번이 성사되지 못했다. 그래서 이 변호사가 하는 일에 도움이 될 만한 사람을 찾아 같이 골프를 하면 어떨까 생각했다.

김 사장은 본인의 인맥을 활용해 의사 친구를 알아봤다. 마침

고등학교 동창인 의사 하나가 불의의 의료사고로 큰 소송을 당할 처지임을 알게 됐다. 김 사장은 그 의사에게 상황을 설명하고 이 변호사와의 동반 라운드를 제의했다. 핸디캡 20인 의사 친구뿐 아니라 이 변호사도 흔쾌히 승낙했다.

이 경우처럼 비즈니스 골프 멤버를 구성하기 위해선 내 욕심보다 상대방을 먼저 배려하는 것이 필수다. 그래야 상대방도 자연스럽게 접대 골프에 감사하는 마음을 갖게 되고 이것으로 인맥이 잘 형성되고 또한 유지될 수 있다.

● 성공으로 가는 예약 황금률

시칠장삼 時七場三

비즈니스는 운칠기삼運七技三(운이 7이고 기가 3이라는 뜻으로 사람이 하는 일의 성패는 운에 달려 있음을 말한다.)이라고 했다. 시간과 장소 섭외 전쟁을 벌여야 하는 비즈니스 골프 역시 7대 3의 예약 황금률이 적용된다. 어떤 시간대의 골프장을 예약했느냐에 따라 동반자의 태도는 180도 달라지며 비즈니스 골프의 성패도 판가름 난다. 날짜, 장소, 시간 등은 상대방의 의사를 먼저 확인한 후 가급적 손님의 편의를 고려해 선택해야 한다.

▶ 골프광으로 소문난 A사의 김 전무는 요즘 골프를 치지 않는다. 공식적으로는 그렇다. 얼마 전 새로운 프로젝트를 맡아 주말에도 회사에 나올 만큼 바쁘기 때문이다. 하지만 그를 아는 사람들은 이 말을 곧이곧대로 믿지 않는다. 비공식적으로 김 전무는 쉬지 않고 골프장을 나왔다. 이번 주말에도 골프 초청자인 B사 최 사장에게 "하늘이 두 쪽 나도 가야죠"라며 골프백을 들었다. 김 전무가 최 사장을 따라간 곳은 춘천에 새로 생긴 M골프장. 수도권의 웬만한 골프장은 다 섭렵한 김 전무가 한번 가고 싶어 했던 골프장 중 하나였다.

▶ 평소 7시 30분에 출근하는 대기업의 임 상무는 어느 날, 새벽 5시 30분에 집을 나섰다. 평소보다 2시간 빨리 출근한 이유는 행선지가 회사가 아닌 골프장이었기 때문이다. 초청자가 티오프tee off(티샷을 한다는 뜻으로 주로 플레이를 시작한다는 의미로 쓰임) 시간을 7시로 잡아 임 상무는 내심 30분만 뒤로 미뤘으면 했지만 초면에 까다로운 사람처럼 비춰질까봐 꾹 참았다.

골프장에 도착할 때쯤 되니까 비몽사몽했던 정신도 어느 정도 돌아왔다. 하지만 몸은 여전히 찌뿌듯했다. 간단히 몸을 풀고 난 뒤 살살 치자고 마음먹었다. 그리고 가볍게 드라이버를 휘둘렀지만 안타깝게도 토핑Topping, 일명 '쪼로'가 났다. 초청자가 "몸이 덜 풀리셨나 보네요.

괜찮으니까 멀리건Mulligan 하나 쓰세요"라고 말을 건넸다. 임 상무는 다시 공을 티에 올려놓고 힘껏 휘둘렀다. 하지만 공은 야속하게도 슬라이스Slice가 나면서 먼 수풀 속으로 사라졌다. 첫 홀부터 톱핑에 OB(Out of Bounds)가 나고 나니 성격 좋던 임 상무의 표정도 일그러졌다. 동반자들은 애써 아무 일 없다는 듯 첫 홀을 넘겼지만 임 상무는 솔직히 짜증이 밀려왔다. '하필 이 시간에 라운드를 잡아서 말이야…' 경기 내내 고전한 그는 결국 90대 중반의 스코어를 기록하고 말았다.

속담에 '일찍 일어나는 새가 벌레를 잡는다'고 했지만 일찍 일어난 주말 골퍼는 버디는커녕 파 잡기도 힘들다. 임 상무처럼 새벽부터 나와 골프를 치다 보면 생체 리듬이 깨져 공이 잘 안 맞기 일쑤다. 특히 일로 만난 비즈니스 골프에서 예민한 골퍼들은 티오프 시간에 따라 그날 컨디션과 스코어가 크게 달라진다. 가능하면 새벽이나 이른 아침을 피해 티오프 시간을 잡는 기본 매너다.

통상 골프장 선택 시 고려할 점은 접근성(1시간 안팎), 코스 관리와 난이도, 회원 관리와 서비스, 식당 등이다. 여기에 게스트의 연령과 구력, 경기 스타일까지 파악하면 비즈니스 골프에 더 도움이 된다.

계절에 따라 선호하는 시간대는 다르지만 대개 오전 8시 전후에서 9시 사이면 만사형통이다. 황금 시간대인 이때 주말 부킹은 말 그대로 전쟁이다. 사정이 이렇다 보니 일부에선 100만 원 이상 웃돈을 주고 불법적으로 황금 시간대를 파는 브로커도 기승을 부린다. 중요한 비즈니스일수록 황금 시간대 부킹을 잡는 게 좋지만 굳이 애꿎은 돈을 써 가면서 부킹을 잡을 이유는 없다. 그보다 동반자의 구력과 연령을 잘 파악하고 골프장과 시간을 잡으면 비즈니스 골프를 더욱 즐길 수 있다.

연령층에 따라 좋아하는 시간대도 다르다. 30~40대는 대체로 오전 8시 이전에 하는 것을 선호하는 반면, 중장년층 골퍼라면 오전 9시 이후나 점심 이후 시간도 괜찮다. 임 상무의 경우에서 보듯이 동반자의 출근시간에 맞춰 예약 시간을 잡는 것도 요령이다.

기본적으로 연령대가 높고 구력이 오래될수록 늦은 시간대를 선호한다. 이렇게 늦게 게임을 시작하다 보면 대부분 오후 6시경 게임이 끝난다. 자연스럽게 동반자와 저녁 자리를 이어갈 수 있다. 집에서도 눈치 주는 사람이 적다. 무서운 마누라를 제외하면 자녀들은 이미 장성하거나 출가해서 한가한 편이기 때문이다. 자식과 아내와 떨어진 기러기 아빠라면 느지막한 점심 때도 나쁘지 않다. 반면, 30~40대 젊은 골퍼들은 이른 시간대를 더 선호한다. 신혼 초이거나 자녀들이 어린 경우가 많아 주말 오후에는 필히 집에서 봉사활동(?)을 해야 하기 때문이다. 눈치 없이 늦게 들어가다간 골프클럽이 언제 사라질지 모른다.

연령 구력 · 경기 스타일 맞춰 골프장 선택

골프장 선택도 요령이 필요하다.

골프를 배운 지 1년 정도인 20~30대 골퍼는 어느 골프장을 나가도 '오케이'이지만 40~50대는 다르다. 특히 구력 있는 골퍼들은 골프장에 대한 호불호가 명확하다. 보통 호쾌한 장타자들은 페어웨이Fairway가 넓고 그린이 평범한 코스를 좋아하는 반면, 비거리가 짧은 '짤순이'는 상대적으로 페어웨이가 좁고 빠른 그린을 선호한다.

어디 이뿐인가. 페어웨이 고저차가 심한 코스에서 강한 '산악형', 벙커Bunker가 깊고 OB와 해저드Hazard가 많은 코스에서 쏙쏙 빠져 나오는 '미꾸라지형', 그린이 솟아오른 일명 포대 그린Elevated green에다 공을 기가 막히게 떨어뜨리는 '공수부대형' 골퍼 등. 각자 게임 스타일과 장기에 따라 선호하는 골프장이 천차만별이다. 이런 걸 감안하지 않고 되는대로 골프장을 부킹했다간 돈은 돈대로 쓰고 뒤에서 애꿎은 핀잔을 듣기 쉽다.

골프장 등급은 편의상 골프회원권 가격에 따라 구분된다. 10억 원 안팎의 최고급 회원제 골프장부터 5억 원 전후의 상급 골프장, 1억 원 미만의 일반 골프장과 퍼블릭 골프장 등이 있다. 요즘 일부 퍼블릭 골프장은 고급 회원제 골프장 못지않게 코스 관리가 뛰어나고 난이도와 서비스가 좋아 인기다. 퍼블릭을 이용해도 좋지만 기본적으로 티타임tee time이 7분 이상으로 여유롭고 앞뒤 팀들과 밀리지 않아야 한다. 고급 회원제 골프장으로 갈수록 이런 요소를 두루 갖췄다.

상황에 따라 중급 골프장을 이용할 때도 있다. 이럴 때도 게스트의 성향만 잘 파악하면 얼마든지 좋은 분위기를 이끌어낼 수 있다. 우선 부킹 전에 게스트의 연령과 구력, 라운드 스타일을 파악할 필요가 있다. 연령대가 높을수록 고저차가 심하고 벙커와 해저드가 많은 골프장을 피하는 것이 좋다. 움직임이 많다 보면 아무래도 후반 홀로 갈수록 집중력과 체력이 떨어져 대화에 집중하지 못하기 때문이다. 그렇다고 싱글 골퍼를 단조롭고 평범한 골프장으로 초청하면 오히려 역효과를 낼 수 있다. 말은 안 해도 '상대방 실력을 좀 파악하고 부킹해야 하는 거 아니야?' 하는 짜증스런 마음이 상대방 가슴속에서 들기 시작하면 안 된다.

마지막으로 게스트의 경기 스타일까지 감안하면 금상첨화다. 가령 보수적으로 경기를 운영하는 골퍼들은 경관이 아름답고 티샷이 부담스럽지 않은 안전한 코스를 선호하는 반면, 공격적으로 경기를 풀어가는 골퍼들은 페어웨이가 좁고 장타를 뽐낼 수 있는 코스를 원한다. 같은 골프장이라도 코스 경관이나 난이도에 따라 선호도가 달라진다. 게스트의 이런 성향을 미리 간파해 적절한 골프장을 고른다면 이미 절반 이상 점수를 따고 경기장에 들어가는 셈이다.

> **하수** "왜 새벽에 불러내 뒤땅치게 만들어?" 돈 쓰고 욕 먹는다.
>
> **중수** 좋은 골프장과 시간대를 골라 예약한다.
>
> **고수** 골프를 안 치려는 사람도 나오게 만든다. 멤버 구성부터 동반자들의 연령, 구력, 경기 스타일까지 고려해 예약 시간과 골프장 코스를 잡는다.

◉ 81타도 싱글패를 줘야 하나?

점수를 퍼주는 게 능사는 아니다

소위 '싱글 쳤다'든지 '싱글 골퍼'라 하는 말은 정확하게는 싱글 디짓Single Digit 혹은 싱글 피겨드Single Figured 핸디캐퍼Handicapper

로 부르는 것이 맞다. 용어 그대로 핸디캡이 한 자리 숫자(1~9)라는 얘기이며 73타부터 81타 사이를 말한다. 핸디캡이 제로(0)이면 스크래치 플레이어Scratch Player로 부르는데 땅에 선을 그어 놓고scratch 달리기 경주를 시작한 것에서 유래됐다.

주말 골퍼 사이에서 보통 핸디캡이 10 이하면 골프를 아주 잘치는 사람으로 대접받는다. 만약 동반자가 처음으로 싱글을 기록하면 이를 축하해 싱글패를 만들어주는 것이 한국의 로컬룰이다. 아마추어가 기록하기 어려운 스코어인데다가 상패를 만들어주면 좋은 기억을 오래 간직해 앞으로 더 좋은 관계를 이어갈 수 있기 때문이다.

문제는 동반자가 싱글 타수에 턱걸이로 걸렸을 때다. 80타나 81타수도 싱글에 해당되지만 주말 골퍼들은 '일파만파(첫 홀에서 한 사람만 파해도 나머지 세 사람도 파로 기록)', 그린 컨시드나 기브(일명 오케이), OB티 사용 등 로컬룰 적용이 많아 정식 규정보다 완화해서 스코어카드를 기록하기 때문에 해당되지 않는 경우가 많다. 그래서 주말 골퍼들은 통상 79타 이하가 될 때 싱글패를 만들어준다.

어차피 기분 좋으라고 하는 위한 일인데 쩨쩨하게 그럴 필요가 있나 싶지만 막상 그리 간단한 문제는 아니다. 다른 동반자의 생각과 기준이 다를 수 있고, 또 당사자의 뜻을 무시하고 일방적으로 좋은 게 좋다는 식으로 하다간 오히려 역효과를 낼 수 있다.

같은 81타라도 플레이 스타일이나 로컬룰, 매너 등에 따라 스코어는 얼마든지 달라질 수 있다. 사실 이 정도 수준의 골퍼라면 정확한 스코어는 누구보다 본인이 더 잘 안다. 따라서 싱글패 수여 여부는 전적으로 당사자의 의견을 따르는 것이 좋고 가급적 당사자가 미련이 남지 않도록 분위기를 만들어주는 게 필요하다.

사실 싱글패를 받는 것보다 더 중요한 것은 그 기록을 달성하는 과정이다. 골퍼가 기록을 의식하는 순간부터 긴장하고 예민해져서 갑자기 스코어가 무너질 수 있기 때문이다. 동반자가 이런 부분까지 잘 고려하고 배려한다면 설령 당사자가 싱글패를 못 받아도 아쉬움은 덜 할 것이다

◉ 내 캐디백은 누구 트렁크에

비즈니스 골프는 차에서부터 시작된다

"요즘 어떻게 지내냐"는 친구의 말에 그랜저로 대답했습니다.
당신의 오늘을 말해줍니다. 그랜저 뉴 럭셔리.

2009년 신형 그랜저 출시 당시 TV광고에 나온 이 카피는 당시 수많은 화제와 반응을 이끌어냈다. 그랜저를 타는 게 자랑할 만한 성공이냐는 비아냥부터 차는 고사하고 대중교통으로 다닐 수밖에 없다는 신세 한탄조도 나왔다. 그중에서도 눈길을 끈 건 람보르기니와 그랜저 운전자들이 도로 밖에 나와 얘기하는 것을 담은 패러디 사진이었다. 이 장면을 광고 카피에 빗대어 "요즘 어떻게 지내냐"는 친구의 말에 "람보르기니로 답했다"는 문구를 절묘하게 넣어 인기를 끌었다.

자동차가 한때 운전자의 사회적 지위나 부를 과시하는 수단으로 여겨지던 시절이 있었다. 지금은 예전과 많이 달라졌지만 그래도 골프 치러 갈 때 유독 차를 따지는 사람이 적지 않다. 에둘러 "(좋은) 차가 없어 골프 치러 못 가겠다"고 말하거나 초청자한테 대놓고 차를 대절해 줄 것을 요구하는 사람도 있다. 각자 알아서 골프장에 오는 게 보통이지만 접대 골프에서 의외로 차편 마련을 중요하게 생각하는 사람이 있고 이로 인해 생기는 크고 작은 에피소드도 적지 않다.

골프장은 주로 도심 외곽에 위치해 있기 때문에 이른 새벽, 무거운 골프백을 싣고 대중교통으로 가기 쉽지 않다. 그렇다고 불가능한 일도 아니다. 아주 이른 티업tee up(첫타를 치기 위해 공을 티 위에 올려놓는 것을 말함) 시간만 아니라면 택시나 버스 심지어 지하철을 타고 나갈 수 있다. 실제로 일본 지하철에선 공휴일에 골프백을 들고 운동하러 가는 사람을 종종 볼 수 있고 2012년 PGA 신인상을 수상한 재미교포선수 존 허(한국명 허찬수) 역시 과거 서울 강북구 미아동에서 성남 분당구에 있는 서현역 근처 연습장까지 30개 역을 3번이나 환승하면서 다녔다고 밝혔다. 그러나 한국에선 이런 광경은 좀처럼 보기 힘들다. 대부분 직접 차를 가져오거나 한 차에 동승해서 간다.

실제로 비즈니스 골프에서 차는 접대의 시작이자 끝이며 동반자와의 친분이나 소통을 더 강화할 수 있는 제2의 라운드로 여겨진다. 단순히 좋은 차로 손님을 모신다고 해서 접대를 잘한다는 게 아니다. 차는 어디까지나 수단이고, 본질은 어떻게 동반자를 편하게 모시고 즐겁게 골프를 치느냐에 달려 있다.

가장 기본은 픽업이다. 동반자를 태우고 같이 가는 것만으로도 상대방에게 좋은 인상을 줄 수 있어서다. 운전을 못하거나 차편이 없는 게스트에겐 더할 나위 없이 좋은 제안이고 가는 동안 자연스럽게 대화를 할 수 있기 때문에 라운드할 때 이미 편안한 분위기에서 골프를 칠 수 있다.

운전을 즐기는 사람도 픽업이 좋을 때가 많다. 전날 늦게까지 일하고 이른 새벽 골프 치러 나올 때나 라운드를 마치고 귀가할 때 운전하는 것만큼 피곤한 일이 없기 때문이다. 기름값을 아낄 수 있는 건 덤이다.

픽업부터 차량 선택까지 꼼꼼히 체크!

픽업을 할 때도 요령이 필요하다. 대부분 픽업을 좋아한다고 생각해 무조건 데려가려고 한다면 실례다. 개인 성향이나 라운드 후 일정 혹은 컨디션에 따라 혼자 가는 걸 선호하는 사람도 적지 않기 때문에 상대방 의사를 먼저 물어봐야 한다.

개인 일정을 떠나 간혹 픽업 자체를 부담스럽게 생각하는 사람도 있다. 이럴 때 게스트의 주소지를 미리 파악해 동선에 맞춰 자연스럽게 제안하는 게 좋다. 호스트와 게스트의 거주지가 비슷하면 금상첨화다. 처음에 픽업을 불편하게 생각하던 사람도 초정자가 본인과 가까운 곳에 사는 동네주민이라는 것을 알게 되면 자연스럽게 동승하게 된다.

손님을 픽업하게 됐다면 그다음엔 차를 잘 골라야 한다. 비싼 수입차를 타고 가야 한다는 얘기가 아니라 자동차의 트렁크 크기가 작으면 낭패를 볼 수 있기 때문이다. 만약 앞서 소개한 두 운전자가 각각 그랜저와 람보르기니를 타고 골프장에 온다면 어떤 상황이 펼쳐졌을까? 다른 건 몰라도 트렁크 용량에 있어선 람보르기니가 절대 그랜저를 앞지를 순 없다. 그랜저 트렁크엔 골프백과 보스턴백 4개를 모두 넣을 수 있지만 보닛 아래 트렁크가 위치한 람보르기니는 용량이 수십 리터에 불과해 보스턴백 하나 넣기도 벅차다. 골프백은 따로 조수석에 세워 안전벨트를 매줘야 경고등 같은 소리를 듣지 않고 출발할 수 있었을 것이다. 실제로 좋은 수입차를 가져갔다가 골프백이 잘 들어가지 않아 허둥대다가 티오프 시간이 늦는 경우가 종종 있다.

보통 자동차 트렁크 용량을 리터(ℓ)로 표기하는데, 한국 골퍼들은 유독 '골프백이 몇 개 들어가느냐'로 트렁크 크기를 가늠한다. 차량 트렁크 구조에 따라 조금씩 다르지만 보통 골프백 1개의 용량이 130ℓ 정도 되는 걸 감안하면 트렁크 용량이 450~500ℓ 정도면 골프백 4개를 넣을 수 있다. 베테랑들은 보스턴백 4개까지도 함께 척척 집어 넣는다. 과거 골퍼들 사이에서 포드의 대형 세단인 파이브헌드레드Five Hundred가 큰 인기를 끌었던 이유 중 하나는 트렁크 크기가 600ℓ에 달해 골프백을 최대 8개까지 실을 수 있다는 장점이 부각돼서다. 현실적으로 골프백을 8개까지 실을 일이 거의 없고, 그럴 거면 차라리 1톤 화물차를 대절하는 게 나을지 모른다. 아무튼, 골프백 4개 정도는 들어가야 '골프 치는데 적합한 차'라는 게 한국 골퍼들의 오랜 인식이다. 오죽했으면 독일 수입차 본사에서 "한국 사람들이 트렁크에 골프백 4개

들어가는 차를 원한다는 것을 이해하지 못한다"고 말할까.

남자라면 누구나 람보르기니를 빌려서라도 골프장에 가고 싶을 것이다. 그러나 동반자를 모시는 비즈니스 골퍼라면 람보르기니 엔진이 눈앞에서 울더라도 꾹 참고 그랜저를 끌고 가는 게 여러모로 낫다.

● 캐디백도 상석이 따로 있다

비즈니스 만남에서 상급자나 거래처 손님을 상석으로 앉히는 것은 중요한 매너 중 하나다. 상석上席은 '윗사람의 자리'라는 뜻으로 중요한 사람이 불편함을 느끼지 않도록 배려하는 게 포인트다. 비즈니스 골프에서 상석은 차로 손님을 모실 때나 식사할 때, 골프장에서 카트를 탈 때 적용된다. 먼저, 차로 손님을 태울 때는 운전기사 유무와 인원, 차종에 따라 배석이 조금씩 달라진다.

기본적으로 운전기사가 있을 때 뒷좌석 오른쪽이 상석이다. 이 자리에서는 승·하차가 쉬울 뿐 아니라 인도로 안전하게 움직일 수 있기 때문이다. 그 다음은 뒷자리 왼쪽, 앞쪽 조수석 순으로 자리가 정해진다. 만약 연배나 지위가 높은 초청자가 손아래 손님을 배려해 같이 태우고 가는 경우라면 어떨까? 초청자가 상석에 앉는 경우가 많기 때문에 자연스럽게 뒷좌석 왼쪽에 앉아 얘기를 나누면 되지만 혹시 상석을 비우고 권유할 경우 정중하게 거절하는 것이 좋다.

또한, 초청자가 직접 운전을 하면 조수석이 상석이 되고 뒷자리 오른쪽, 왼쪽 순이 된다. 탑승 인원에 따라 상석이 달라질 수 있다. 만약 5명이 타면 3명이 뒤에 앉게 되므로 상석은 운전석 옆자리가 되며 단 둘만 타는 경우에는 동승자가 어린아이나 노약자가 아닌 이상 운전석 옆에 타는 게 매너다. 때론 차종도 고려해야 한다. 일반적인 4도어 세단이면 앞에 언급한 원칙들이 적용되지만 문이 2개뿐인 쿠페 차량이나 뒷자리가 불편한 지프 등 특수 차량의 경우 조수석이 상석이 된다. 이런 매너들이 복잡하고 헷갈릴 때는 연장자나 손님에게 인사를 한 후 자연스럽게 편한 자리를 먼저 권유하는 것도 세련된 매너다.

클럽하우스 내 레스토랑에서도 상석을 잘 따져봐야 한다. 보통 출입문 반대의 안쪽 좌석, 전망이 좋은 좌석, 웨이터가 가장 먼저 의자를 빼주는 곳이 상석으로 통한다. 단독 공간room에서 식사를 할 경우 출입문 반대쪽 좌석이 상석이 되지만 공개된 홀에선 출입문 쪽이라도 멋진 전망을 볼 수 있다면 상석이 될 수 있다. 더욱이 초청자가 손님을 기다리는 입장이라면 입구에서 오는 것을 봐야 하기 때문에 등 뒤로 기다리는 것보다 앞을 보는 게 유리하다. 손님이 도착하면 자연스럽게 인사를 하고 안쪽 자리를 안내하면 되기 때문이다.

골프 카트의 경우 자동차 상석과 비슷하면서 또 다르다. 비슷한 점은 뒷자리가 협소하고 불편한 카트의 특성상 캐디 옆이 상석이 되지만 멤버 특성과 룰을 어떻게 정하느냐에 따라 홀마다 달라질 수 있다. 우선 연장자나 여성, 덩치가 큰 사람을 조수석으로 권장하는 게 기본 예의다. 동반자들을 편하게 배려하는 것도 중요하지만 또 실력을 겨루고 흥미와 욕구를 유발하는 것이 골프의 매력이다 보니 상석도 실력에 따라 바꾸도록 룰을 정하기도 한다. 즉, 각 홀에서 제일 잘 친 사람을 '오너owner'가 아닌 '아너honor'로 부르고 상석을 내어 주는 것이다. 공을 먼저 치게 하는 영예와 함께 넉넉한 자리를 보장받는 셈이다.

카트뿐만 아니라 캐디백에도 상석이 있다는 것을 모르는 골퍼가 많다. 보통 카트 뒤에는 4개의 캐디백이 실리는데, 양 사이드가 상석으로 통한다. 아무래도 양 끝에 있으면 공간 여유가 있어 클럽을 꺼내기가 상대적으로 수월하다. 또한 캐디백에 들어 있는 골프공이나 장갑 등 비품 등을 꺼내기도 쉽다. 그러면 양 사이드 중 어느 쪽이 더 상석일까? 조수석이 상석인 것을 감안하면 오른쪽 사이드가 더 쉽고 가깝기 때문에 캐디백의 상석이 될 수 있다.

하지만 골프장 코스에 따라 왼쪽 사이드가 상석이 될 수도 있다. 바로 카트 길이 필드 오른쪽으로 만들어져 있을 때다. 왼쪽 사이드에 있는 캐디백이 필드와 조금 더(?) 가깝기 때문에 클럽을 뺄 때 여유롭고 심리적으로 나을 수 있어서다. 따라서 경기 전 미리 캐디에게 양 사이드에 손님의 캐디백을 놓아달라고 요청하고 그 가운데서도 코스와 카트 길을 감안해 더 나은 쪽에 중요한 손님의 캐디백을 배치시키면 동반자로부터 "오늘따라 공이 잘 맞는다"는 기분 좋은 소리를 들을지 모른다.

2홀

돈 버는 골프,
돈 버리는 골프

◉ 골프 유용론과 무용론

골프를 해야 하나, 말아야 하나

골프를 하든 하지 않든 누구나 한 번은 이 같은 고민을 하게
된다. 골프가 비즈니스맨의 필수 운동으로 인식되던 시절도 있
었지만 지금은 그렇지 않다. 오히려 골프를 안 하면 시간과 돈
을 절약할 수 있고 거기에 들어가는 노력과 정성으로 업무나 인
맥 관리를 하면 더 잘 할 수 있다고 말하는 사람도 적지 않다. 반

대로 골프를 하게 되면 스트레스가 풀려 일에도 더 몰입할 수 있으며 나아가 삶의 통찰력도 생긴다고 강조하는 골프 예찬론자도 여전히 많다.

"코스에서만 생기는 독특한 동료의식과 공감대가 있어요. 4시간 이상 탁 트인 자연 환경에서 골프를 즐기고 대화하다 보면 마음이 저절로 열려 상대방을 이해하게 되고 호감도 생깁니다." 대기업 K전무의 설명이다.

골프가 좋든 싫든 하든 하지 않든 간에 비즈니스맨이라면 골프에 대한 생각을 정리해야 할 때가 온다. 골프는 시간과 돈이 드는 문제이지만 많은 사람들이 골프를 비즈니스에 활용하기 때문에 상대방을 이해하는 차원에서도 골프를 배워볼 필요는 있다.

과거 HSBC은행에서 비즈니스 골프에 대한 사람들의 인식을 조사했다. 그 결과 한국인 응답자의 경우 10명 중 6명이 '골프를 치면서 사업상 거래를 이끌어냈다(61%)'고 응답해 골프가 고객과 네트워크를 구축하는 데 있어 실제로 중요한 기반이 되는 것으로 나타났다. 현실적인 실익을 떠나 골프를 경영과 연결 지어 설명하기도 한다. 골프를 잘 치려면 끊임없는 노력과 집중, 절제, 전략적 사고가 필요한데, 경영도 이와 같아 골프를 잘 치는 CEO는 경영도 잘한다는 것이다. 핸디캡 2의 수준급 골퍼인 잭 웰치 前 GE 회장은 "골프는 경영에 실제적으로 많은 도움을 주며, 골프를 통해 CEO의 경영능력을 가늠할 수도 있다"며 "내가 기업경영을 하지 않았으면 프로 골퍼가 됐을 것"이라고 예찬하기도 했다. 재계 고수로 꼽히는 이웅렬 코오롱그룹 회장도 본인의 홈페이지를 통해 골프에 대한 생각을 밝혔다.

"골프와 기업은 아주 비슷한 점이 많아요. 골프 실력이 느는 것도 꼭 경제학의 톱날 효과Ratchet effect와 유사하거든요. 연습하면 스코어가 한꺼번에 향상됐다가도 연습 안 하면 바로 떨어지고, 또 연습을 꾸준히 하면 어느 날 갑자기 실력이 늘어난 자신을 발견하는 겁니다. 기업도 마찬가지라고 봐요. 올라갈 때는 위험을 생각해야 합니다. 경기가 좋을 때는 항상 바닥을 생각하라는 말도 마찬가지입니다."

잘나갈수록 조심해야 하고 일희일비하지 않아야 좋은 성과를 거두는 것도 골프와 경영이 닮은 부분이다. 또한 골프는 전략적 사고를 키워준다. 그는 매 홀마다 전략적인 공략법을 세우고 상황이 뜻대로 되지 않으면 다시 계획을 수정해 선택하고 고민하는 과정이 경영과 유사하다고 말한다.

무엇보다 골프를 하다 보면 동반자의 됨됨이를 파악하고 이를 통해 사업 파트너로서의 상대방의 자질을 판단할 수 있다. 골프는 심판이 따로 없어 자신의 원칙과 양심에 따라 경기를 진행하기 때문에 라운드 중 상대방의 언행을 통해 성격을 파악할 수 있고 정직성과 겸손함 등도 엿볼 수 있다. 비즈니스 골퍼 사이에 선 '스코어를 속이는 사람과는 거래하지 않는다'는 게 정설이다.

　실제로 골프 실력과 경영과의 상관관계를 입증하기 위해 다양한 조사나 분석도 이뤄졌다. 과거 미국 골프다이제스트에서 발표한 경영인 핸디캡 리스트에 따르면 경영실적이 좋은 상위권 기업(25%) 경영인의 평균 핸디캡은 12.4이고, 중위권 기업 경영인의 핸디캡은 14.6, 하위권 기업의 핸디캡은 17.2인 것으로 나타났다. 2~3타 정도의 차이가 뭐 대단하다고 심드렁할 수 있지만 실제로 골프를 해 본 사람들은 1~2타 줄이는 것이 얼마나 어려운 일인지 실감한다.

　또한 블룸버그통신에선 골프를 가장 잘하는 CEO 25명과 해당 기업의 주가 움직임을 분석하기도 했다. 핸디캡이 낮은 CEO 25명이 이끄는 기업의 주가 상승률은 11%였고 같은 기간 25개 기업을 제외한 나머지 S&P 500지수 구성 종목들의 상승률 5.6%인 것으로 나타났다.

　물론 이런 조사들이 어느 정도 근거가 될 수 있지만 일반화하기엔 한계가 있다. 기업의 실적과 주가는 시기와 지역에 따라 달라질 수 있고 골프를 치지 않아도 높은 성과를 거두는 CEO가 많기 때문이다. 따라서 게임 스코어를 향상시키기 위한 골퍼의 노력과 경영 성과를 높이고자 하는 경영자의 노력이 닮았다는 차원으로 이해하는 것이 적당하다.

톱날 효과 Ratchet effect

이웅렬 회장이 말한 톱날 효과는 톱니 효과로 더 많이 불린다. 본래 경제학 용어로 소비와 소득 사이의 관계를 설명하기 위해 경제학자인 제임스 듀젠베리James Stemble Duesenberry가 도입한 개념이다. 소득이 증가하면 이에 비례해서 소비가 증가하지만, 소득이 감소한다고 해서 소비가 감소하지 않는 현상을 말한다.

예컨대 소득이 증가해 고가 자동차와 가전제품을 사용하던 사람들이 소득이 감소했다고 해서 즉시 소비수준을 낮추지 않는 식이다. 톱니바퀴가 한 방향으로 움직이면 반대방향으로는 톱니의 턱에 걸려서 돌아가지 않는 것을 연상해 만들었다. 이 용어를 골프에 응용하면 연습을 꾸준히 해서 일정한 경지에 오르면 안 해도 어느 정도 실력이 유지되지만 대충하면 10년을 해도 백돌이를 벗어나지 못한다는 걸 의미한다.

⚉ 비즈니스 골프와 접대 골프의 차이

골프만 하다가는 목적을 잃을 수 있다

비즈니스맨들 사이에서 골프는 'PT(프레젠테이션)'로 통한다. PT가 잘되면 사업을 따낼 수 있듯이 골프가 잘되면 사업도 잘된다. 7, 8km를 4~5시간 걷는 동안 동반자와 친분을 쌓고 정보를 교환하면서 아이디어를 얻고 사업 기회도 엿본다. 오랫동안 '골연(골프로 이어진 인연)'을 이어간 사람들은 작게는 수백만 원에서 크게는 수백억 원대의 계약을 성사시키기도 한다.

손님을 모시고 설명과 대화를 이어가는 것도 PT와 닮은 부분이다. 따라서 잘해야 한다. 골프를 잘한다는 것은 골프 실력뿐 아니라 말, 태도, 품성 등 경기 외적인 것도 모두 포함한다. 물론 골프는 즐겁게 치는 게 우선이다. 너무 목적을 가지고 말하다 보면 오히려 골프 분위기를 해치고 동반자에게 좋은 인상을 남기기 어렵다.

"요즘 비즈니스 골프는 쿨cool하게 치는 게 대세예요. 못 치면 못 치는 대로 잘 치면 잘 치는 대로 룰을 지켜가며 기분 좋게 하는 게 중요해요. 너무 예의를 따지다 보면 오히려 서로에게 부담만 됩니다." 비즈니스 골프만 10년 넘게 친 S실장의 얘기다.

그렇다고 너무 격식 없이 치는 것도 예의가 아니다. 친구 사이가 아닌 이상 비즈니스 골프는 엄연히 호스트와 게스트로 구분된다. 가끔은 이런 관계가 사업상의 갑과 을로 비춰져 접대 골프로 인식되기도 한다. 사실 비즈니스 골프와 접대 골프를 구분할 방법은 없다. 접대도 엄연히 비즈니스의 일부분이고 그중에서도 골프는 운동과 대화를 함께할 수 있다는 점에서 장점이 많다. 특히, 자연스러운 분위기에서 나오는 말 한마디는 비즈니스 관계 형성의 윤활유 역할을 한다. 반대로 건전한 목적의 친선 골프라도 해도 대가가 개입되는 뇌물이나 향응이 발생하면 문제가 발생할 수밖에 없다. 따라서 비즈니스 골프는 어디까지나 만남과 관계 형성의 한 방법으로 이해하고 받아들이는 것이 바람직하다.

골프 칼럼니스트로 유명했던 묵현상 씨는 '접대와 골프'에 대해 이렇게 설명했다.

"접대의 목적은 단순하다. 내 입장을 상대방이 이해하고, 공감할 수 있도록 개인적인 친분을 쌓는 데 있다. 접대 골프의 핵심은 내기에서 져주는 것도 아니고, 엉터리 샷을 했는데도 나이스 샷이라고 함성을 지르는 것도 아니다. 이렇게 하면 오히려 역효과만 나온다. 상대방이 나라는 사람을 이해할 수 있게끔 하는 것이 핵심이다."

비즈니스 관계에서 상대방에게 나를 알릴 수 있는 방법은 다양하다. 명함을 주거나 지인을 통해 소개를 부탁하는 가장 기본적인 방법부터 업무나 프로젝트를 같이 진행하면서 상대방의 실력과 성격 등을 가늠해볼 수 있다. 아니면 한국식으로 술 한잔 걸치면서 허심탄회하게 얘기를 나누거나 극단적으로 상대방과 한번 부딪쳐보는 것도 남에게 자신을 알리는 방법이다. 어찌됐든 시간과 돈, 노력이 필요하며 이 모든 것이 회사 생활이나 비즈니스 관계 형성에서 항상 일어나는 일상이다.

비즈니스 골프의 매력도 여기서 발견된다. 골프를 하면 앞에서 얘기한 이 모든 일들을 한 번에 경험할 수 있다. 처음 클럽하우스에서 만나면 지인을 통해 상대방을 소개를 받고 서로 명함을 교환한다. 라운드를 통해서 상대방과 골프 실력을 가늠해보고 태도나 언행 등 매너를 종합해 보면서 상대방을 이해할 수 있게 된다. 나중에 경기가 다 끝나면 같이 목욕을 하고 식사나 술을 하면서 서로를 더 알게 되는 것이다.

문제는 이런 과정을 거쳐도 자신을 제대로 어필하지 못하는 사람이 수두룩하다는 점이다. 비즈니스 관계는 어디까지나 불가근불가원不可近不可遠을 유지하는 게 적당하다. 너무 가까이 하지도 너무 멀리 하지도 않는 것이다. 물론 상호 신뢰하고 존중할 수 있는 관계로 발전하면 금상첨화지만 이를 위해선 더 높은 수준의 노력과 시간 그리고 인내가 요구된다. 솔직히 그렇게 해도 틀어질 수 있는 게 인간관계다.

에티켓의 경전으로 평가 받는 《에밀리 포스트의 에티켓》에선 바람직한 에티켓을 타인을 배려하고considerate 존중하며respectful 이해하는understandable 태도로 정리했다. 이 세 가지가 곧 회사 생활을 잘하는 비법이며 성공적인 비즈니스 골프의 출발점이 된다.

⊛ 김영란법과 접대 골프의 관계

접대 골프는 결국 불법이 될까

2016년 9월 말부터 '김영란법(부정청탁 및 금품등 수수의 금지에 관한 법률)'이 시행되면 비즈니스 골프에도 적지 않은 영향을 줄 전망이다. 김영란법은 공직자와 언론인, 교직원에 대해 포괄적인 금품수수 금지 조항을 담고 있으며 골프를 포함한 음식물과 주류, 교통·숙박 등 편의 제공을 모두 금품으로 규정하기 때문이다.

김영란법 8조 1항을 보면 직무 관련 여부에 관계없이 동일인으로부터 1회 100만 원 또는 매 회계연도(1년)에 300만 원을 초과하는 금품 등을 받거나 요구 또는 약속해서는 안 된다'고 명시하고 있다. 기존 형법상 수뢰죄가 금품을 받더라도 업무 관련성이 있어야 처벌이 가능했지만, 김영란법에서는 바로 처벌할 수 있는 것이다. 특히, 100만 원 이하여도 직무 관련성이 있다면 공직자는 3년 이하 징역 또는 금품 가액의 5배 이하의 벌금을 물 수 있다.

사실 접대 골프는 직접적으로 돈을 주는 것이 아니기 때문에 지금까지 공직사회와 언론계에 일반화된 접대 문화로 자리 잡아왔다. 그러나 한 번 경기하는 데 160~200만 원 정도(4인 기준)가 들기 때문에 김영란법에 의해 처벌을 받을 수 있다.

주말 접대 골프 비용은(수도권 비회원권 기준)으로 1인당 최소 30만 원 정도다. 구체적으로 그린피(20만 원), 캐디피(3만 원), 카트비(2만 5000원)에 간단한 식사와 주류(5만 원)이 모두 포함된 비용이다. 여기에 게임비(40만 원)에 선물까지 준다면 1인당 40만 원은 훌쩍 넘어간다.

따라서 산술적으로 같은 사람이나 기관으로부터 40만 원짜리 접대 골프를 8번 받게 되면 '300만 원 초과 기준'에 따라 김영란법이 적용돼 3년 이하의 징역 또는 3000만 원 이하의 벌금에 처해진다. 만일 같은 사람이 아니라고 해도 직무관련성이 있는 유관기관으로부터 접대 골프를 받으면 1회 100만 원 이하라도 접대 받은 액수의 2~5배의 과태료를 내야 한다.

　다만 일부 예외 조항은 있다. 8조 3항에 따르면 돈이나 음식을 접대 받더라도 '사교나 의례'에 해당하면 처벌되지 않는다. 즉 원활한 직무 수행 또는 사교, 의례 또는 부조 목적의 음식물이나 경조사비로 대통령령에서 정하는 가액 범위 내 금품은 적용 대상에서 제외하고 있다. 앞으로 공무원과 언론인의 접대 골프나 교직원의 식사 접대 등의 적용 여부를 놓고 논란이 예상되는 대목이다.

● 무기명 회원권이 뭐기에

잘나가는 회원권

　보통 골프회원권은 기명식이라 회원권에 등록된 사람에 한해 예약과 그린피 할인 등의 혜택을 부여한다. 이에 반해 무기명 회원권은 카드만 있으면 누구나 회원 자격을 부여해 각종 특전을 주기 때문에 접대 골프가 잦은 기업들이 선호한다. 기존의 법인 회원권의 경우 개인회원권 2계좌(온계좌)를 합친 것이기 때문에 등록 회원 2명만 혜택을 받지만 무기명 회원권은 2~4인 그린피 면제, 월 주말 부킹 4회 이상 등 특전을 더 강화해 '회원권 위의 회원권'으로 불린다.

가령, 4인이 모두 그린피가 면제되는 황제 회원권의 경우 캐디피, 카트 대여료, 식대 등을 포함해도 한 번 이용료가 50만 원이 채 넘지 않는다. 이런 특권을 주는 만큼 회원권 가격은 일반 회원권의 2~3배를 훌쩍 뛰어넘는다. 호황기 때는 혜택이나 사용 범위를 극대화해 40억 원까지 치솟은 무기명 회원권도 등장했지만 지금은 대부분 10억 원 이내에서 가격을 형성하고 있다.

높은 가격대임에도 혜택을 강화한 덕분에 일반 회원권과 달리 시세가 떨어지지 않고 통상 5년이 지나면 입회금(일종의 예탁금으로 계약만료 후 골프장이 반환해준다.)도 돌려주기 때문에 비용처리를 할 수 있는 법인회원에겐 안성맞춤이다. 특히 임원 숫자대로 회원권을 살 수 없는 기업 입장에선 누구나 예약하고 사용할 수 있는 무기명 회원권을 요긴하게 쓸 수 있고, 자금난을 겪는 골프장 역시 단기간에 거액을 조달받아 숨통을 틔울 수 있어 양측의 이해관계가 잘 맞아떨어졌다.

문제는 무기명 회원권이 남발하면서부터다.

장사가 되자 골프장에선 너나 할 것 없이 계좌를 늘렸고 주말뿐만 아니라 주중 무기명 회원권까지 만들었다. 사실상 특전이라는 명목 하에 중복 분양되다 보니 그 피해는 고스란히 기존의 개인이나 법인회원들에게 돌아갔다. 회원이라고 하지만 좋은 시간대 예약이 쉽지 않고 티업 간격도 짧아져 여유를 가지고 운동도 못하기 일쑤다. 골프장에서도 무기명 회원권이 많아질수록 그린피 수입이 줄기 때문에 장기적으로 수익성이 떨어질 수밖에 없다.

3홀

헷갈리는 거리,
까먹는 타수

● 미터? 야드? 헷갈리는 거리 계산법

골프도 모르는데 거리까지 계산하라니…

▶ 평소 미터로 비거리를 계산하던 백돌이 K씨. 머리를 올리고 두 번째로 나간 필드에서 캐디가 남은 거리를 야드yd로 할지 미터m로 알려줄지 물어봤다. 미터로 불러달라고 말하려는 찰라, 다른 동반자가 "야드가 편해요"라고 먼저 말을 하는 바람에 꿀 먹은 벙어리가 됐다. 야드 거리에서 대략 10을 빼면 미터 거리라는 건 알고 있었지만 정확하

지 않아 자꾸 헷갈렸다. 거리에 신경 쓰다 보니 평소 잘 맞던 7번 아이언도 자꾸 미스샷이 났다.

초보자는 필드에서 거리 계산도 벅차다.

클럽별 비거리가 들쑥날쑥한데다 남은 거리마저 헷갈리다 보니 양파(더블파)를 밥 먹듯이 한다. 구력이 쌓이면 자연스럽게 남은 거리에 맞춰 딱딱 비거리를 내지만 하루아침에 실력이 늘 리 만무하다. 실력도 크게 부족한데다 클럽 비거리나 남은 거리도 제대로 몰라 우왕좌왕하면 동반자에게 결코 좋은 인상을 주기 힘들다.

우선, 클럽별 자신의 평균거리를 정확히 파악해야 한다. 평균거리는 힘 빼고 편안하게 쳤을 때의 거리를 말하며 보통 주말 골퍼들은 캐리Carry(공이 뜬 거리)와 런Run(굴러간 거리)을 합한 거리를 비거리로 삼는다. 남성의 경우 7번 아이언으로 평균 130m를(여성은 100m) 치면 클럽 숫자가 하나씩 바뀔 때마다 10m씩 더하고 빼면 된다. 6번 아이언은 140m, 8번 아이언은 120m인 식이다.

클럽번호가 낮을수록 런이 많이 발생하고 비거리가 늘지만 정확도는 떨어진다. 반대로 번호가 높을수록 런과 비거리가 주는 대신 정확도는 올라간다. 여기에 타고난 힘과 스피드, 연습량에 따라 비거리는 달라지지만 보통 클럽의 비거리는 '200-(클럽번호×10)'식으로 계산한다. 7번 아이언의 평균 비거리도 이 계산식에 따라 130m으로 나온다. 마찬가지로 여성 골퍼도 7번 아이언 거리를 기준으로 앞에 고정값을 바꿔 '170-(클럽번호×10)'으로 계산하면 된다.

이처럼 클럽 자체마다 비거리가 다른 이유는 샤프트Shaft(골프채의 중간 막대) 길이와 로프트 각도(헤드 페이스면이 수직면에서 기울어진 정도)가 다르기 때문이다. 보통 클럽은 번호가 높아질수록(롱아이언에서 숏아이언) 샤프트 길이가 0.5인치(약 1.3cm)씩 짧아지고 로프트 각도는 2~4도씩 커져 평균 10m 정도 덜 나가게끔 설계됐다. 샤프트가 짧아질수록 스윙 궤도Arc가 작아져 비거리가 줄고 궤도가 커지면 비거리가 느는 원리다. 특히 로프트 각도는 공의 탄도(뜨는 각도)에 결정적인 영향을 미친다. 로프트 각도가 큰 숏아이언일수록 공의 탄도는 높아지고 거리는 짧아지는 반면 페이스가 서 있는 롱아이언일수록 공의 탄도가 낮은 대신 비거리는 더 늘어난다.

클럽거리를 제대로 이해하고 숙지했다면 타깃까지 거리를 정확히 파악하는 일만 남았다. 초보자는 캐디가 불러주는 거리대로 해서 손해 볼 게 없지만 K씨처럼 미터만 알고 야드를 잘 모르면 낭패를 보기 쉽다. 정확한 단위를 살펴보면 1미터m은 1.0936야드yd이고, 1야드yd는 0.9144미터m이다.

130미터를 기준으로 삼으면 142야드이고, 130야드는 119미터 정도 된다. 이를 머릿속에 두고 계산할 수 없다 보니 캐디가 불러줄 때마다 헷갈리기 쉽다. 간단하게 어떤 단위의 거리든 전체 수치의 10%를 계산해 더하면 미터가 야드로 바뀌고 빼면 야드가 미터로 전환된다고 기억하자. 가령 130미터는 10%인 13미터를 더해 143야드로, 130야드는 13을 빼 117미터로 계산하면 실제 오차범위는 1~2포인트 정도에 불과하다.

⊛ 초보자도 쉽게 이해하는 타수 계산법

타수 계산은 골프의 기본이다

실력이 부족해도 비즈니스 골프에 나설 수 있지만 눈치나 매너마저 없으면 동반자들에게 좋은 인상을 남기기 어렵다. 특히 초보자들은 자신이 친 타수를 까먹거나 룰을 잘 몰라 타수를 줄여 말할 때가 적지 않다.

구력이 있는 골퍼도 가끔 스코어 계산에 틀릴 때가 있는데, 대표적인 예가 OB나 헤저드에 빠졌을 때다. OB는 흰색 말뚝, 해저드는 빨간색 혹은 노란색 말뚝으로 표시된다. OB 말뚝은 고정물로 움직일 수 없으며 만약 건드릴 경우 2벌타를 받는다. 반면, 헤저드 말뚝은 샷에 방해될 때 뽑아서 쳐도 벌타를 받지 않는다.

이런 기본 룰을 모르더라도 OB는 2벌타, 헤저드는 1벌타라고 생각하는 골퍼가 의외로 많다. 결과적으로 이 계산이 맞을 수 있지만 규정상 OB나 헤저드 모두 1벌타다. 그런데 왜 OB는 1타가 더 부과되는 걸까?

이유는 바로 한국 골프장에만 있는 'OB티' 때문이다. 골프 규칙 27조 1항에 따르면 OB가 나면 1벌타를 받고 다시 처음 쳤던 곳에서 다시 샷을 해야 한다. 그런데 한국에선 원활한 경기 진행을 위해 OB티를 만들어 그곳에서 치도록 한다. 즉, 다시 친 공이 OB티에 안전하게 왔다고 가정하고 경기를 진행하는 것이다.

따라서 티샷에서 OB가 났을 때 타수를 계산하면 티샷(1타)+OB(1벌타)+OB티 안착(1타)을 감안해 도합 3타가 된다. 그래서 OB티에서 치면 4타째가 되는 것이다. 그런데 백돌이는 이보다 적은 3타째로 계산해 상대방을 당황케 만든다. 특히 OB티보다 드라이버 거리가 짧은 백돌이가 OB티PAR 4에서 온그린에 성공해 운좋게 5번째 만에 홀컵에 공을 넣고 "앗싸, 파!"를 외치는 불상사는 저지르지 말아야 한다.

만약 OB티에서 치지 않고 티샷으로 돌아가 다시 쳤는데 또 OB가 나면 어떻게 될까. 티샷 2번에 OB 2벌타를 포함해 4타가 되고 5번째 티샷을 준비해야 한다.

잘나가는 프로들도 가끔 OB로 곤혹을 치룬다. 미국프로골프 PGA투어에 뛰고 있는 케빈 나(한국명 나상욱) 선수는 지난 2011년 4월 열린 발레호 텍사스오픈 첫날 9번 홀PAR 4에서 무려 16타만에 홀아웃하는 악몽을 겪기도 했다. 주말 골퍼들은 양파(8타)로 끝날 일이지만 냉정한 프로의 세계에선 고스란히 스코어카드에 기록된다.

OB티에선 4타째, 헤저드 후 3타째

만약 티샷OB가 아니라 2, 3번째 타수에서 OB가 나면 스코어 계산은 더 헷갈리기 십상이다. 파4홀에서 2번째 샷이 OB가 났을 경우 그다음 샷은 OB 1벌타를 포함해 4타째가 된다. 즉, 원 위치에서 공을 다시 쳐서 그린에 올리면 4온이 되고 결과적으로 OB 티에서 4온을 한 것과 같은 스코어를 기록하게 된다. 티샷이든 페어웨이든 OB를 하면 무조건 원위치로 돌아가서 1벌타를 먹고 다시 치는 게 원칙인데, 페어웨이에서 OB를 하면 공이 사라진 근처로 가서 공을 두고Drop 치는 것으로 잘못 아는 경우가 많다. 이 또한 경기 진행을 빠르게 하고 상대방의 편의를 봐주기 위해 OB

티처럼 운영하는 것일 뿐 정식룰이 아니다. 이렇게 드롭한 후 공을 쳐서 그린에 공을 올리면 6온일까 7온일까? 4번째 샷이 OB가 되었고 1벌타를 받고 제자리로 돌아가 쳐서 그린에 올리면 6온이지만 공을 찾다가 포기하고 그린 주변에 공을 드롭하면 2번째 OB를 쳤던 장소에서 해당 장소로 공이 온 것까지 계산해야 하기 때문에 이미 6타를 까먹게 된다. 따라서 드롭 후 쳐서 그린에 올리면 7온이 되고 퍼트를 성공해도 파4에서는 양파(더블파)를 기록하게 된다. (144페이지 '멀리건과 잠정구의 차이' 참조)

이처럼 샷도 안 되고 타수 계산도 헷갈리는 게 백돌이의 한계다.

"골프는 재미있게 치는 게 장땡이지 굳이 팍팍하게 스코어를 기록해야 하냐"라고 물으면 할 말은 없다. 그러나 친한 사람끼리는 몰라도 최소한 비즈니스 골프에선 정확한 스코어를 계산하는 게 그 사람의 매너나 인성까지 판단하는 하나의 기준이 된다고 말할 수 있다. 본인은 '아무도 모를 거야'라고 스코어를 속일 수 있지만 동반자들과 캐디는 다 안다. 골프 고수들은 남의 철퍼덕한 미스샷까지 감안해 타수를 기억하며 심지어 주머니에 들어 있는 내기 돈까지 기가 막히게 안다. 스코어를 잘 계산하는 비결이 궁금해 물어보면 다들 구력 내지 내기를 하다 보면 저절로 알게 된다고 답한다. 계산법은 저마다 다르지만 보통 온그린을 기준으로 '3온 1퍼트Putt'나 '4온 2퍼트' 식으로 기억한다.

가장 확실한 방법은 본인이 직접 스코어카드에 기록하는 방법이다. 고수일수록 스코어만 적는 데 그치지 않고 페어웨이나 그린 적중률, 클럽 종류 및 거리, 퍼트 수, 좌우편차, 미스샷 종류까지 꼼꼼히 기록해 나중에 복기한다. 골프 치기도 버거운 백돌이가 이렇게 일일이 적기는 어렵지만 스마트폰에 골프 스코어카드 앱을 깔아 활용하면 손쉽게 나만의 기록을 보관할 수 있다.

◉ 서로 통하는 골프 대화법

핸디캡만 알아도 풀리는 골프 대화

흔히 말하는 핸디는 핸디캡Handicap을 줄여 잘못 부르는 용어다. 핸디캡은 파를 기준으로 골퍼의 능력을 나타내는 숫자로 파 72에서 골퍼가 평균적으로 더 치는 타수로 이를 계산한다. 즉, 핸디캡이 10인 골퍼는 평균적으로 82타를 친다는 것이고 핸디캡이 28인 골퍼는 평균적으로 100타를 친다는 의미이다. 따라서 18홀 코스에서 매 홀 1타씩 더 치는 꼴인 보기 플레이어는 평균

90타를 치는 핸디캡이 18인 골퍼다.

핸디캡 제도를 마련한 이유는 기량이 서로 다른 골퍼들이 공정한 입장에서 경기할 수 있도록 실력 수준을 수치로 표시하여 평가하는 것이다. 골프를 안 치더라도 핸디캡 개념을 알아두면 골프 대화에 쉽게 끼어들 수 있다. 비즈니스 파트너가 우연히 핸디캡 7의 싱글 골퍼라고 밝혔을 때 "아, 그래요. 잘 치시네요"라고 맹숭맹숭하게 답하면 서로 멋쩍게 될 가능성이 높다. 이럴 땐 "프로 경지에 가셨네요. 이글Eagle도 많이 하셨겠어요" 정도로 맞장구치고 핸디캡이 15 이하이면 "부럽습니다. 주말 골퍼가 80대를 치는 게 어디 쉬운 일입니까" 정도 말한다면 자신을 바라보는 비즈니스 파트너의 태도나 시선이 달라질 것이다.

골퍼뿐만 아니라 골프 코스도 핸디캡이 있다. 스코어카드 하단의 HDCP(핸디캡)라는 항목에 홀마다 숫자가 표시돼 있고 9홀 기준으로 1~9로, 18홀 기준으로 1~18로 쓰여 있다.

홀의 핸디캡은 각 홀의 길이와 넓이, 코스난이도 등 데이터를 기준으로 정해지며 숫자가 작을수록 어려운 홀이고 클수록 쉬운 홀이다. 핸디캡이 18인 A가 이 골프장에서 경기를 하면 평균 3번의 파와 15번의 보기Bogey를 하는데 홀 공략이 가장 쉬운 핸디캡 16~18홀에서 파를 기록하고 나머지 15개 홀에선 보기를 기록할 확률이 높다. 마찬가지로 핸디캡 7인 B는 코스 핸디캡이 높은 순서대로 11개 홀에서 파를 하고 핸디캡이 가장 낮은 순서인 1~7번 홀에서 보기를 하기 쉽다.

만약 두 플레이어가 내기를 한다면 경기 전에 두 사람의 핸디캡 차이인 11을 코스 난이도가 어려운 1~11홀까지 적용해 해당 홀에서 A가 거둔 원래 스코어보다 1타씩 덜 친 걸로 계산해 승부를 겨룰 수 있다. 또는 두 플레이어가 모두 파를 잡을 수 있는 16~18번 홀과 공통으로 보기를 잡을 수 있는 1~7번 홀을 뺀 핸디캡 8~15인 홀에서만 A에게 1타를 줄여줘 경기를 진행할 수도 있다. 이렇게 핸디캡은 각 홀의 상대적인 난이도를 표시해줄 뿐만 아니라 실력이 상이한 사람도 동등하게 경기를 할 수 있게 해준다.

 백돌이가 저지르기 쉬운 크고 작은 실수 10가지

1. 비슷한 지역과 상호 때문에 엉뚱한 골프장으로 가는 경우
– 예: '레이크힐스 / 레이크사이드', '크리스탈밸리 / 프리스틴밸리', '마에스트로 / 마이다스', '안성베네스트 / 안양베네스트'

2. 안내데스크에서 건네받은 기입카드에 본인 이름을 맨 위에 쓰는 경우
– 보통 예약한 회원 이름이 가장 위에 있고 다른 동반자의 연령, 지위를 감안해 위로부터 빈 칸을 두고 본인 이름을 쓰는 것이 요령이다.

3. 골프 장비 등을 캐디백에 넣어둔 채로 왔다가 뒤늦게 클럽하우스에서 찾는 경우
– 신발과 모자, 파우치 등은 보스턴백에 꼭 넣어둔다.

4. 동반자 차례에 티잉그라운드에 올라가거나 동반자를 향해 연습 스윙을 하는 행위
– 티 그라운드에는 순서대로 1명만 올라갈 수 있으며 연습 스윙을 하더라도 사람에게 향하면 위험할 수 있기 때문에 주의해야 한다.

5. 티샷을 할 때 티 마커 앞에 공을 두고 치는 이른바 '배꼽' 행위
– 티샷을 할 수 있는 공간은 티 마크로부터 두 클럽 후방까지이며 공만 티구역 안에 있으면 몸이 밖에 나와도 상관없다. 다만 이를 어길 시 2벌타를 받는다.

6. 다른 동반자를 보지 않고 본인 공만 보고 서둘러 앞서가는 경우
– 아무리 마음이 급해도 홀에서 거리가 먼 사람부터 공을 치는 게 순서이기 때문에 이를 잘 봐야 한다.

7. 자기 공 번호나 브랜드를 몰라 다른 사람의 공을 집거나 치는 경우
– 동반자와 같은 브랜드의 공이 아닌 것을 선택하거나 미리 유성펜으로 공에다 자기만의 표식을 해둔다. 이를 어길 시 2벌타를 받는다.

8. 벙커 안에서 빈 스윙을 하는 경우
– 벙커 밖 페어웨이 잔디에서 빈 스윙을 하듯 벙커 안에서도 빈 스윙을 할 수 있지만 클럽 헤드에 모래가 닿으면 2벌타를 받는다.

9. 그린에서 공 뒤에 마크를 표시하지 않고 공 앞에다 하는 경우
– 마크는 공 뒤에 하는 것으로 늘 주의해야 한다.

10. 그린에서 뛰거나 발을 끌어 잔디를 훼손하는 경우와 동반자의 퍼트라인을 밟는 행위
– 아무리 정식 경기가 아니더라도 늘 상대가 집중할 수 있도록 배려해야 한다.

4홀

복장과 장비를 보면
구력이 보인다

◉ 화려한 싱글남, 수수한 싱글녀

골프장에선 복장으로 실력을 판단한다

'외모로 사람을 판단하지 말라'는 게 성경의 말씀이지만 복장을 보면 실력이 가늠되는 게 골프다. 한 베테랑 캐디는 "남자는 골프를 잘 칠수록 옷이 화려해지는 편이고 여성은 반대로 처음에 신경 쓰다가 나중에 수수해진다"고 말한다. 남자는 의상이 평범할수록, 여성은 화려할수록 초보자일 가능성이 높은 것이다.

비싼 옷을 입는다고 골프가 잘 되는 것은 아니지만 보통 옷을 맵시 있게 입는 골퍼치곤 못 치는 사람은 드물다. 골프가 많이 대중화됐다고 하지만 귀족 스포츠에서 출발했고 한때 골프웨어하면 명품에 버금갈 만큼 값비싼 옷으로 통하던 시절이 있었다. 요즘은 캐주얼하게 입고 치는 게 대세지만 '드레스 코드dress code(복장 규정)'는 여전히 존재하기 때문에 초보자들은 부담을 느낀다.

골프장마다 차이는 있지만 기본적으로 '분위기에 맞는 골프복장을 요구Proper golf attire is required'한다. 골프웨어를 입은 채 클럽하우스를 들어가도 뭐라할 사람은 없지만, 일부 고급 회원제 골프장은 여전히 정장차림을 요구한다. 남자는 넥타이 없이 콤비재킷만 걸쳐도 되고 여성도 세미정장이면 오케이다.

회원권을 갖고 있는 골퍼는 대게 클럽하우스에 골프 옷을 두고 있지만 일반인들은 당일 락커를 배정받아 옷을 갈아입어야 하기 때문에 '보스턴백'이라 불리는 보조 가방이 필요하다. 이 가방에 골프 옷과 신발을 담아서 락커룸에서 옷을 갈아입고 라운딩이 끝난 뒤에는 다시 정장으로 갈아입고 식사를 하는 것이 관행처럼 굳어졌다.

남녀 공통적으로 모자와 옷깃 있는 칼라셔츠collar shirts, 긴 면 바지long pants가 기본 복장이다. 예외적으로 목이 약간 올라온 터

틀넥turtleneck 셔츠나 벨트가 있는 반바지(무릎까지 올라오는 양말 착용 시)도 허용하지만 대부분 라운드 티셔츠와 반바지, 청바지 등은 금한다. 이를 모르고 갔다가 부랴부랴 클럽하우스에서 마음에도 없는 옷을 사는 경우가 있다. 여성의 경우 반바지나 카프리 바지(7부 바지)는 허용되지만 노출이 과도한 짧은 치마나 단정하지 못한 의상은 동반자를 고려해 피하는 게 좋다.

초보자에겐 어떤 브랜드의 옷을 살지도 고민된다. 티셔츠 하나에 수십만 원을 호가하는 고급 브랜드를 사자니 돈이 아깝고 스포츠웨어를 입자니 왠지 가벼워 보여 망설여지기도 한다. 사실 굳이 골프웨어가 아니더라도 드레스 코드에 벗어나지 않는 범위에서 단정하게 입으면 그만이다. 골프웨어가 빛을 발하는 건 어디까지나 실력과 매너가 뒷받침될 때다. 오히려 실력과 매너가 부족한 골퍼가 값비싼 옷을 입으면 '빛 좋은 개살구'가 되기 십상이다.

초보자라면 중저가의 골프웨어나 골프 전문 스포츠웨어면 무난하다. 아울렛이나 인터넷을 통해서 이월상품을 구입하면 돈을 더 아낄 수 있다. 최근엔 유니클로 같은 SPA(제조·유통일괄형 의류) 브랜드에서 가격과 스타일을 두루 갖춘 골프웨어를 내놓아 선택의 폭은 더 넓어졌다. 다만, 게스트를 모셔야 하는 비즈니스 골프에서 너무 캐주얼한 복장은 결례가 될 수 있으니 주의해야 한다.

골프에서 스타일을 포기할 수 없지만 스포츠인 이상 기능과 활동성에 초점을 맞춰 의류를 구입하는 것이 필요하다. 특히, 날씨가 변덕스러운 봄과 가을에는 보온성과 방수성을 갖춘 바람막이와 패딩이 필수다. 이들 제품은 얇고 가벼우면서도 스윙에 방해가 되지 않게 어깨 또는 겨드랑이 부분에 밴딩 처리가 된 것이 특징이다. 신축성과 보온성이 좋은 기모바지와 방풍·방수처리된 니트, 가디건도 본인 스타일에 맞춰 추가로 입는 것이 좋다.

강추위와 칼바람이 부는 겨울철에는 머리와 목, 손과 발의 보온에 더 신경 쓸 필요가 있다. 귀를 덮을 수 있는 겨울용 모자와 목토시neck warmer, 귀마개, 방한장갑, 두꺼운 양말 등을 착용하면 체온상승효과가 있다. 보온성이 높은 다운 점퍼도 필요하지만 너무 껴입다 보면 몸이 둔해져서 폼이 망가지거나 타수를 잃기 쉽기 때문에 가능한 한 가볍게 착용하는 것이 포인트다. 그러자면 위아래로 내복이나 땀을 흡수해 열을 내는 발열 내의를 입은 후 등이나 허리 부분에 핫팩을 붙이면 효과적이다.

◉ 클럽 구성만 잘해도 타수는 줄어든다

무작정 클럽을 들고 다니는 초보 골퍼

간혹 주말 골퍼 중에 드라이버와 퍼터를 2개씩 넣고 다니는 고수(?)들이 있지만 보통 드라이버(1번 우드), 3번 우드, 5~9번 아이언, 피칭웨지, 샌드웨지, 퍼터 등 10개를 기본 세트로 구성하고 여기에 자신의 플레이 스타일과 비거리에 맞춰 2~4개를 추가로 넣는다. 일명 고구마로 불리는 하이브리드(또는 유틸리티) 우드와 정교한 어프로치를 하기 위해 어프로치웨지로 불리는 A를 넣는 게 일반적이다.

골프 규칙 제4조 4항에 따르면 골프선수는 14개보다 많은 클럽을 가지고 라운드를 해서는 안 된다. 이를 위반할 경우에 홀마다 2벌타, 한 라운드에서 최대 4벌타를 부과 받는다.

백돌이가 14개 클럽을 모두 채울 필요는 없지만 구력이 쌓이고 클럽을 교체해야 할 때가 되면 14개를 어떻게 구성하느냐에 따라 스코어 차이가 난다. 보통 초보자는 번호로 클럽을 구성하지만 고수일수록 번호보다 로프트 각도에 더 신경을 쓴다. 클럽은 명칭상 우드, 아이언, 웨지, 퍼터 등 네 가지로 나뉘며 고유의

번호와 로프트 각도가 있다. 브랜드마다 차이가 있지만 1번 우드인 드라이버는 6도에서부터 13도, 페어웨이 우드는 12도에서 29도까지, 아이언은 19도에서부터 64도까지 다양하다. 심지어 퍼터도 1도에서 4도 정도까지 미세한 로프트 각을 갖고 있다. 이런 로프트 각은 공의 탄도와 비거리를 좌우한다.

중고채를 받거나 풀세트로 클럽을 구입한 백돌이는 로프트 각도를 모르고 쓰기 쉽다. 이런 상태에서 남 얘기만 듣고 무작정 하이브리드나 어프로치웨지를 마련했다간 잘 활용하지 못할 수 있다. 막상 기존에 갖고 있던 클럽과 로프트 차이가 크지 않거나 똑같을 수도 있기 때문이다. 물론 로프트가 같아도 상황에 따라 다르게 쓸 수 있지만 굳이 비싼 돈을 들여 비슷한 비거리의 클럽을 가지고 있을 필요는 없다.

나에게 맞는 클럽 찾기

그러면 어떻게 해야 할까? 우선 7번 아이언을 기준으로 ±4도의 각도 차이로 클럽을 마련해 나간다. 가령 36도의 7번 아이언을 가졌다면 6번 아이언은 32도, 5번 아이언은 28도로 각도를 줄여나가고 반대로 8번 아이언은 40도, 9번 아이언은 44도로 4

도씩 늘린다. 이렇게 5번부터 9번 아이언까지 구성하면 기본 준비는 마쳤다. 문제는 그다음부터다. 5번 이하의 롱클럽(우드와 하이브리드)과 9번 이상의 숏클럽(웨지)를 어떻게 구성하느냐에 따라 내 공 차이가 난다.

우선 가장 멀리 공을 보낼 수 있는 드라이버(1번 우드) 비거리와 5번 아이언 비거리 차이를 계산해 롱클럽을 결정한다. 가령 드라이버가 200m, 5번 아이언이 150m라면 10미터 간격으로 160m(4번), 170m(3번), 180m(2번), 190m(1번)를 보내는 아이언을 마련하면 된다. 참고로 자신이 낼 수 있는 최대 드라이버 거리는 9번 아이언의 2배로 계산하면 얼추 맞는다.

롱아이언으로 분류되는 1~4번 아이언을 잘 쓰는 주말 골퍼는 거의 드물다. 1번이나 2번 아이언은 거의 골동품 수준이고 3번이나 4번 아이언은 프로들도 다루기 힘들어 하이브리드 클럽으로 바꾸는 추세다.

오죽했으면 '24&38룰rule'이란 말이 있을까. 아마추어 골퍼는 24도(로프트)보다 낮고, 38인치(샤프트 길이)보다 긴 아이언을 칠 능력이 없다는 것이다. 그래서 이를 보완해서 나온 채가 일명 '고구마'로 불리는 하이브리드 우드다. 우드와 아이언의 장점을 결합한 클럽으로 아이언보다 무게중심이 낮고 깊어 러프Rough에서도 공을 쉽게 띄우고 거리 손실도 거의 없다.

따라서 5번 아이언이 28도라면 24도의 4번과 20도의 3번 아이언을 대신해 24도나 21도 하이브리드 우드를 많이 쓰는 편이다. 이보다 더 비거리를 내기 위해 18도 이하의 하이브리드나 페어웨이 우드를 쓰기도 한다. 10.5도의 드라이버를 쓰는 골퍼라면 15도 전후의 3번 우드와 3번 하이브리드(21도), 4번 하이브리드(24도)로 구성하면 된다. 이들 롱클럽을 잘 쓰면 160~200m 사이 중장거리를 효과적으로 공략할 수 있다.

◉ 주말 골퍼들의 평균 스코어

주변 사람들은 얼마큼 치고 있을까

우리나라 골퍼들의 평균 스코어는 얼마일까? 결론부터 얘기하면 10명 중 7명이 백돌이인 것으로 조사됐다. 대한골프협회(www.kgagolf.or.kr)가 남녀 약 4800명을 대상으로 설문 분석한 '2012 한국골프지표'에 따르면 아마추어 골퍼 4명 중 1명(24.5%)이 평균 91~100타를 쳐 가장 많은 비중을 차지하는 것으로 나타났다(표 1-1 참조). 이어 101~110타(13.5%), 111~120타(19.2%), 121타 이상

(14.1%)인 것으로 조사돼 '짠' 백돌이인 91~100타까지 포함하면 넓은 의미의 백돌이의 비율은 71.3%에 달했다. 80타 이하 핸디캡을 가진 소위 '싱글'과 81~90타 보기 플레이어는 각각 5.1%, 23.6%로 나타났다.

성별과 연령에 따라 세분화해서 보면, 남자는 91~100타(25%), 여자는 101~110타(28.5%)가 가장 많은 것으로 파악됐다. 평균적으로 남자가 여자보다 잘하는 편이지만 어쨌든 백돌이인 건 매한가지다. 흥미로운 건 연령대별 평균타수 분포다. 〈표1-2〉를 보면 지표 구간을 20대부터 60대 이상까지로 5등급으로 구분해놓았다.

구분	2007년	2012년
80타 이하	4.2	5.1
81~90타	24.0	23.6
91~100타	24.2	24.5
101~110타	15.6	13.5
111~120타	14.5	19.2
121타 이상	17.5	14.1

| 〈표1-1〉 평균 골프 타수
출처: 대한골프협회, 2012 한국골프지표 조사 보고서, 2012년.

이 지표에서 80타 이하 싱글 플레이어가 많은 연령대는 의외로 60대 이상(12.8%)이었다. 반면 20대는 싱글플레이어가 한 명도 없었다. 연령을 30대(4.5%), 40대(5.6%), 50대(4.9%)로 싱글 플레이어 숫자는 5% 남짓에 불과했다.

여기서 알 수 있는 사실은 크게 두 가지다. 아마추어 가운데 한 자릿수 핸디캡을 가진 골퍼는 100명 중 5명 이하일 만큼 실상 보기 힘들고, 골퍼는 나이를 먹더라도 20대보다 잘 할 수 있는 운동이라는 점이다. 만약 20~30대가 싱글이라고 말한다면 프로 지망생이거나 본인 실력을 과대 평가했을 가능성이 높다.

구분		80타 미만	81~90타	91~100타	101~110타	111~120타	121타 이상
성별	남자	5.1	23.8	25.0	11.9	19.6	14.6
	여자	5.6	12.8	22.8	28.5	17.9	12.4
연령별	20대		7.1	4.8	12.9	32.6	42.6
	30대	4.5	15.8	12.6	12.8	27.0	27.3
	40대	5.6	21.4	30.8	13.2	18.8	10.1
	50대	4.9	27.7	25.7	14.6	13.6	13.5
	60대 이상	12.8	21.3	19.1	12.8	19.1	14.9
성/연령별	남자 20대	–	9.3	1.8	8.7	6.1	11.5
	남자 30대	17.1	8.7	14.4	9.8	20.6	17.7
	남자 40대	34.3	27.3	36.5	22.8	28.2	15.6
	남자 50대	14.3	26.7	21.0	19.6	16.0	27.1
	남자 60대 이상	8.6	5.1	4.2	6.5	6.9	7.3
	남자 20대	–	5.0	–	–	4.6	3.1
	남자 30대	–	4.3	3.6	8.7	6.9	6.3
	남자 40대	2.9	3.7	6.6	10.9	5.3	9.4
	남자 50대	14.3	8.7	10.8	13.0	5.4	2.0
	남자 60대 이상	8.5	1.2	1.1	–	–	–

| 〈표1-2〉 응답자 특성별 평균 골프 타수(단위: %)
출처: 대한골프협회, 2012 한국골프지표 조사 보고서, 2012년.

5홀

골프 마케팅과
스폰서십

⬤ 골프대회를 보면 골프산업이 보인다

아는 만큼 보이는 골프대회

골프를 좋아하는 사람도 골프 중계를 진득하게 시청하긴 힘들다. 야구나 축구, 농구처럼 역동적인 스포츠가 아닌데다 경기 시간도 4라운드에 걸쳐 며칠간 진행하다 보니 긴장감이 떨어진다. 여기에 낯선 골프 용어와 규칙 등이 반복되다 보면 이내 지루해져 타이거 우즈가 나와도 채널을 돌리기 일쑤다.

이와 반대로 골프 중계를 빼놓지 않고 챙겨보는 애청자도 적지 않다. 이들은 아는 만큼 골프가 보이고 볼수록 빠져드는 게 골프 중계를 보는 재미라고 예찬한다. 선수들의 뛰어난 기량과 코스 공략법, 이 과정에서 보이지 않는 신경전과 팽팽한 긴장감 등이 경기를 몰입해서 보게 하는 이유다. 덤으로 아름다운 풍광을 보는 재미도 쏠쏠하다.

개인적으로 선호하는 스타 플레이어가 있다면 경기 몰입도는 배가된다. 이들 선수들의 동작을 유심히 비교 관찰하면서 내 스윙의 문제점은 무엇인지, '나라면 저 상황에서 어떻게 할 것인지'를 상상하면 자연스럽게 '이미지 트레이닝'이 되고 실력 향상에도 도움이 된다.

선수들을 쫓는 건 비단 갤러리에 그치지 않는다. 기업은 스타 선수와 권위 있는 대회의 후원을 통해 자사의 브랜드 가치를 높이거나 홍보 마케팅 효과를 노린다. 경기 중 카메라가 실시간 따라붙어 찍는 프로 선수는 그 자체가 움직이는 광고판이기 때문이다.

어떤 곳에 광고를 노출시키느냐에 따라 후원 금액은 천차만별 달라진다. 선수에게 스폰서 로고를 붙일 수 있는 신체부위는 크게 네 군데로 모자, 상의, 하의, 골프백 등이다. 위치를 더 세분화하면 열 군데가 넘기도 한다. LPGA 투어에서 '섹시 아이콘'으로 통했던 나탈리 걸비스는 한때 18개의 스폰서 로고를 덕지덕지(?) 붙이기도 했다. 스폰서가 많으면 선수에겐 좋을지 몰라도 광고주 입장에선 시선이 분산돼 효과가 반감될 수 있다.

가장 노출 효과가 큰 곳은 모자 정면이며 주로 메인 스폰서가 붙는다. 노출 빈도가 높고 면적도 넓기 때문에 홍보 역할을 톡톡히 한다. 나머지 부분은 '왼쪽 우선의 법칙'에 따라 가격과 위치가 결정된다. 오른손잡이 골퍼를 기준으로 할 때 스윙이 오른쪽에서 왼쪽으로 돌아가는 만큼 왼쪽에 패치를 부착하는 것이 TV나 경기 중 노출 효과가 크기 때문이다. 롯데그룹과 5년간 65억 원의 후원 재계약을 맺은 김효주 선수의 경우 왼쪽 가슴은 롯데, 오른쪽 가슴은 헤지스 로고가 따로 부착돼 있다.

브랜드 인지도 조사업체 레퓨컴Repucom이 골프선수의 스윙 동작에서 나올 수 있는 브랜드 노출 정도를 분석한 결과 모자 정면(24.5%), 왼쪽 가슴(21.4%), 왼쪽 소매(18.2%), 오른쪽 소매(11.2%), 캐디백(10%), 모자 왼쪽(8.1%), 모자 뒤쪽(6.6%) 순으로 조사됐다. 이를 역산출하면 한 선수의 연간 스폰서 금액이 나온다. 2007년 최경주 선수가 나이키 로고가 달린 모자를 쓰면서 연간 200만 달러 이상을 받은 것으로 알려진다. 이를 역으로 계산하면 약 816만 달러(한화 92억 원)라는 숫자가 나온다. 실제 당시 최경주 선수는 나이키 골프, 신한은행, 정관장 등과 계약을 맺어 연간 100억 원 이상을 벌어들였다. 참고로 전성기 시절 타이거 우즈는 나이키 모자를 쓰는 조건으로 연간 3000만 달러 이상을 받았다.

VIP 마케팅 노리는 증권사, 골프대회 유치에도 적극적

기업들은 선수뿐 아니라 대회 후원에도 치열한 장외경쟁을 펼친다. 선수 후원이 아니더라도 대회 유치는 기업이나 브랜드를 알리는 좋은 방법이기 때문이다. 전통적으로 롤렉스, 오메가 등 명품 시계업체를 비롯해 BMW, 메르세데스 벤츠, 렉서스 등 프리미엄 브랜드 업체들이 골프 마케팅을 주도해왔다. 또한 금융회사나 컨설팅, 유통, IT업체들도 VIP 고객 유치나 브랜드 신뢰도 향상을 위해 골프 후원에 적극적이다. 이밖에도 식품, 의류, 쇼핑, 생활용품 등 일반 소비재부터 자동차, 타이어, 건설, 정유, 중장비 등 중후장대 산업까지 다양한 기업들이 골프를 활용해 유무형의 기업가치를 높이고 있다.

국내에선 전통적으로 금융권에서 주로 골프를 후원했다. 고급 스포츠로 인식되는 골프의 이미지와 VIP 마케팅의 코드가 잘 맞는데다 골프에 관심이 많은 자산가들을 VIP 고객으로 유치할 수 있어서다. 은행권부터 시작해 증권, 보험, 카드사로 영역을 넓혔고 최근엔 저축은행, 대부업체까지 확대됐다.

　금융권에서 처음 시작한 대회는 1981년으로 거슬러 올라간다. 신한은행 창업자인 이희건(現 신한지주 명예회장) 씨를 주축으로 한 재일교포들이 모국의 프로골프 발전을 위해 1981년 '동해오픈골프선수권대회'를 열었다. 1989년 9회 대회부터 신한은행이 바통을 넘겨받으면서 '신한동해오픈'으로 대회 명칭이 바뀌었다. IMF 외환위기 때인 1998, 1999년과 비공식 PGA투어(신한코리아챔피언십)로 열렸던 2001, 2002년을 제외하고 꾸준히 대회가 개최돼 2014년 30주년을 맞았다.

　국내 골프대회의 상금과 비용도 갈수록 늘어나는 추세다. 2000년 중반만 해도 5억 원 내외면 대회 하나를 열었지만 글로벌 금융위기 이후 갈수록 상금과 규모가 커지면서 두 자릿수를 훌쩍 넘었다. 가령 총 상금이 10억 원이면 보통 상금의 3배 가량이 대회 경비로 사용돼 40억 원의 예산이 소요되는 것으로 알려진다. 연간 기준으로 남자보다 여자 대회의 수와 상금액이 높아진 점도 금융위기 이후 달라진 모습이다. 세계적으로 활약하는 한국 여자 골퍼들이 많아진 덕분이다. 2012년 기준으로 남자가 16개 대회 130억 원 규모인 반면 여자가 22개 대회 138억 원으로 역전했고 그 격차는 매년 커지는 상황이다.

　세계 대회 후원금액은 더 높아졌다. 미국 스포츠비즈니스저

널에 따르면 美 PGA투어의 공식 마케팅 파트너는 연간 500만 ~700만 달러, 타이틀 스폰서는 800만 달러 안팎을 쓴다고 한다. 타이틀 스폰서가 낸 금액의 절반은 대회운영과 상금으로 쓰이고 나머지 절반은 중계 방송사에 전달된다.

◉ 4대 메이저 대회의 경제적 효과

각 메이저 대회별 기업 홍보 방식

기업이 거액을 후원하겠다는데 누가 마다하겠냐 싶겠지만 이 말이 통하지 않는 대회가 있다.

바로 마스터스, US오픈, 브리티시오픈, PGA챔피언십대회 등 4대 골프 메이저 대회다. 이들은 타이틀 스폰서를 두지 않기 때문에 대회 앞에는 어떤 기업명도 붙지 않는다. 그 대신 후원 파트너로서 기업들의 지원을 받는데 그 조건이나 규정이 까다로워 대놓고 홍보할 수 없다.

일례로 2015마스터스대회의 공식 후원사인 AT&T, IBM, 엑슨모빌, 롤렉스는 각각 500만 달러 이상의 돈을 냈지만 코스 내에서 기업 로고나 브랜드, 선전물 등을 홍보할 수 없고 골프장 밖에서조차 제한적으로 기업 로고와 브랜드를 노출할 수 있다. 중계 방송사를 통해 시간당 4분 광고를 하는 게 전부라 스폰서 입장에선 내 돈 내고 눈치를 보는 꼴이다.

US오픈도 사정이 비슷하다. 마스터스와 달리 경기장 안에 후원 기업들이 홍보용 텐트를 설치할 수 있지만 이 또한 광고 효과를 노리기보다 자사의 VIP를 초대해 접대하는 장소로 이용된다. 상대적으로 브리티시오픈은 스폰서 홍보에 인색하지 않은 편. 물론 일반 대회보다 엄격히 관리되지만 기업 홍보용 텐트는 물론이고 티잉그라운드Teeing ground 뒤에 기업 홍보 간판을 넣을 수 있다.

국내 기업인 두산은 2010년부터 브리티스오픈 대회의 공식 후원사로 활동했고 계약을 5년 더 연장해 2019년까지 후원하기로 했다. 레퓨컴에 따르면 두산 로고가 전 세계 TV 시청자에게 노출되는 효과만 매년 약 850만 파운드(한화 154억 원)에 이르는 것으로 조사됐다.

마지막으로 PGA챔피언십은 후원사를 '공식 패트런', '파트너', '스폰서', '라이선스 사업자' 등 네 가지로 분류해 관리한다. 결국 4대 메이저 대회는 타이틀 스폰서만 없다 뿐이지 사실상 다양한 형태로 후원을 받고 있는 셈이다.

대회 개최측 입장에선 타이틀 스폰서를 두면 막대한 경비를 한 방에 해결할 수 있다는 장점이 있지만 스폰서에 휘둘려 대회의 권위와 전통을 유지하기 어렵다는 단점도 생긴다. 때문에 4대 메이저 대회는 대회의 권위와 전통을 강화해 자체 수입을 높이는 한편, 여러 기업들을 후원 파트너로 끌어들여 수익성을 극대화하고 있다.

기업 입장에선 불리한 조건이지만 이들 대회를 후원하려는 기업들이 줄을 섰다. 티를 내지 못해도 이들 대회에 후원하는 것만으로도 큰 홍보 효과가 되기 때문이다. 특히, 마스터스대회는 4대 메이저 중에서도 가장 으뜸으로 꼽힌다. 타이틀 스폰서 없이도 매년 수입이 늘어나고 있을뿐더러 대회가 열리는 미국 조지아주 인구 20만의 소도시인 오거스타Augusta는 이 대회로 연간 1억 달러가 넘는 경제 파급 효과를 얻는 것으로 분석된다.

골프전문잡지 골프다이제스트에 따르면 2015 마스터스 토너먼트의 예상 수입을 1억 달러(약 1290억 원)로 예상했다. 입장권과 식음료, 기념품 판매, TV중계권료 등으로 벌어들이는 수입을 추산한 액수다. 대회운영경비와 상금 등을 뺀 순수익은 3000만 달러(약 337억 원)로 추정했다. 이는 18년 전인 1997년과 비교해 수입은 5배, 순수익은 4배 이상 뛰어 오른 액수다.

이처럼 막대한 수입을 벌어들이는 이유를 다각도로 설명한다.

'신비주의 전략', '비상업성 표방', '철저한 관리와 운영 방식' 등을 꼽는데 이를 가능케 한 것은 무엇보다 역사와 전통이 살아 숨쉬는 대회로 만들기 위한 지속적인 노력이 뒷받침됐기 때문이다. 마스터스를 포함한 4대 메이저 대회는 운영자뿐만 아니라 선수와 갤러리가 함께 만들어낸 축제의 장이자 골프 문화 콘텐츠로 자리 잡았다. 이들 대회 우승은 선수 개인의 영광을 넘어 골프 역사의 한 장면을 장식하는 자리에 우뚝 서는 것이다.

그랜드슬램

4개 대회를 한 해 모두 우승하는 것을 그랜드슬램Grand slam이라 부르는데, 이 영광을 차지한 선수는 보비 존스Bobby Jones가 유일하다. 그는 1930년 당시 메이저 대회였던 US아마추어선수권, US오픈, 브리티시오픈, 브리티시아마추어선수권을 모두 휩쓸었다. 마스터스가 창설된 1934년 이후 한 해에 메이저 대회를 모두 제패한 선수는 아직 나타나지 않았다.

대신 여러 해에 걸쳐 4대 메이저 대회를 모두 석권한 '커리어(통산) 그랜드슬램'은 보비 존스를 제외하면 5명이 된다. 진 사라센(1935년), 벤 호건(1953년), 게리 플레이어(1965년), 잭 니클라우스(1966

년), 타이거 우즈(2011년)가 그 주인공이며 이 중 벤 호건과 타이거 우즈가 그랜드슬램에 가장 근접했던 선수로 꼽힌다. 벤 호건은 1953년 당시 마스터스와 US오픈, 디오픈 등 3개 대회에서 우승했으며 타이거 우즈는 2000년 US오픈을 시작으로 브리티시 오픈, PGA챔피언십, 해를 넘긴 2001년 마스터스까지 메이저 4연승을 달성했다. 미국에서는 2년에 걸친 이 기록을 두고 따로 '타이거슬램'이라고 지칭한다.

차세대 황제로 꼽히는 로리 매길로이는 2011년 US오픈, 2012년 PGA챔피언십에 이어 2014년 브리티시오픈에서 우승해 마스터스 제패만 남겨뒀다. 로리 매길로이는 2011년 마스터스에서 최종일 전반까지 선두를 달리다가 10번 홀에서 트리플 보기를 하며 무너진 악몽이 있다. 그런 그가 마스터스까지 제패하면 4개 메이저 골프대회를 석권하는 '커리어 그랜드슬램'을 달성하게 된다. 25세 이하 나이로 4대 메이저 대회 중 3개를 제패한 골퍼는 잭 니클라우스, 타이거 우즈에 이어 매길로이가 3번째다. 최근엔 미국 골프의 다크호스로 떠오르는 조던 스피스(22세)가 2015년 마스터스와 US오픈 2개 메이저 대회를 연속 석권했고 브리티시오픈에서 아쉽게 1타차로 우승을 놓쳤지만 강자로서의 면모를 보여줬다.

한편, 여자골프도 4대 메이저 대회가 있으며 본래 나비스코

선수권대회, US여자오픈골프대회, LPGA선수권대회와 듀모리에 클래식이었으나 담배회사인 듀모리에가 스폰서를 포기해 대회가 없어지면서 2000년부터 브리티시여자오픈이 메이저 대회로 승격됐다. 이어 2013년 에비앙 마스터스를 메이저 대회로 격상해 사상 처음으로 '5대 메이저 대회' 시대를 열었다. PGA의 메이저 대회들이 모두 스폰서를 타이틀 이름에 넣지 않는 반면, LPGA는 남자 경기에 비해 인기가 낮고 사업성이 떨어지기 때문에 나비스코처럼 대회 명칭에 스폰서 이름 사용을 허용했다.

미국여자프로골프LPGA에서 커리어 그랜드슬램을 달성한 여성 골퍼는 총 7명이다. 루이스 서그스, 미키 라이트, 팻 브래들리, 줄리 잉스터(이상 미국), 카리 웹(호주), 아니카 소렌스탐(스웨덴)이 있었고 최근에 박인비 선수가 메이저 대회인 브리티시여자오픈에서 아시아인 최초로 커리어 그랜드슬램의 위업을 달성했다.

남자든 여자든 요즘은 우승 경쟁이 날이 갈수록 치열해지고 선수 수준도 상향 평준화 추세이기 때문에 그랜드슬램 달성이 거의 불가능한 것으로 여겨진다. 만약 앞으로 그랜드슬램에 성공하는 선수가 나타난다면 그는 세계 골프 역사상 가장 위대한 골퍼 중 한 명이 될 것이다.

대회명	개요		특징
마스터스 (The Masters)	별칭	마스터스오픈	▪ 메이저 대회 가운데 유일하게 우승자에게 '그린재킷' 수여 ▪ 스폰서가 없고 일체의 상업적 행위 금지 ▪ 열일곱 가지 선정 기준에 따라 초청제로 운영돼 참가 선수의 수가 적음. ▪ 2004년 최경주 선수가 아시아 최고성적인 3위 기록, 2003년부터 12년 연속 출전함. ▪ 1990년 처음으로 흑인 남성의 회원가입이 허용됐고 여성은 2012년 처음 회원이 됨.
	개최 원년	1934년	
	개최 시기	4월 2주차(목)	
	개최 장소	오거스타내셔널GC	
	주최	美 조지아주	
	상금	900만 달러	
US오픈 (The US Open)	별칭	전미오픈	▪ 까다로운 코스 세팅으로 악명이 높음. 2006~2007년 우승자는 연이어 5오버파 기록했을 정도 ▪ 연장전이 서든데스 방식이 아니라 18홀 라운드로 다음 월요일에 끝남. ▪ 2015년 120년 만에 휴대폰 허용
	개최 원년	1895년	
	개최 시기	6월 중순	
	개최 장소	50년 이상 된 컨트리클럽 대상으로 매년 바뀜	
	주최	美 아마골프협회(USGA)	
	상금	900만 달러	
브리티시오픈 (The Open)	별칭	디오픈, 전영오픈골프 선수권대회	▪ 세계에서 역사가 가장 오래된 골프 경기로 5년마다 골프의 발상지로 꼽히는 '세인트 앤드루스 올드코스'에서 반드시 열도록 규정됨. ▪ 챔피언에게 우승컵이 아닌 은제 주전자인 '클라레 저그' 수여 ▪ 대회 최다승 기록자는 해리 바든으로 총 6회
	개최 원년	1860년	
	개최 시기	7월	
	개최 장소	8개 코스(스코틀랜드 5개, 잉글랜드 3개) 순회	
	주최	英 왕립골프협회	
	상금	920만 달러	
PGA 챔피언십 (PGA Championship)	별칭	US프로 선수권 대회	▪ 우승자는 '로드먼워너메이커' 트로피가 수여되며 연장전은 3홀 스트로크 플레이오프로 진행됨. ▪ PGA 챔피언십은 4대 메이저 대회 가운데 유일하게 프로 선수들만 참가한다. ▪ 타이거 우즈가 2000, 2001년 2년 연속으로 이 대회에서 우승했고, 양용은 선수는 2009년 아시아인 최초로 4대 메이저 대회를 제패했으며 타이거 우즈가 최종 라운드를 1위로 시작한 경기에서 그를 꺾은 최초의 골퍼가 됐다.
	개최 원년	1916년	
	개최 시기	매년 8월	
	개최 장소	美州의 신 코스 선호	
	주최	美 PGA	
	상금	1000만 달러	

| 〈표1-3〉 4대 골프 메이저 대회 분석

출처: PGA TOUR, 두산백과, 시사상식 사전, 박문각

오픈대회

⊛ 라이더컵vs프레지던츠컵

언제나 라이벌이 있어야 재미있는 법!

세계 양대 대륙 대항 골프대회로 라이더컵Ryder Cup과 프레지
던츠컵The Presidents Cup이 꼽힌다. 라이더컵이 미국과 유럽 선수
간의 골프대회라면 프레지던츠컵은 미국과 인터내셔널(유럽 선수 제
외) 선수 간의 대항전으로 두 대회 모두 12명이 한 팀을 이뤄 경기
를 치른다. 짝수해는 라이더컵이, 홀수해는 프레지던츠컵이 번
갈아 열리며 2015년 11회 프레지던츠컵 대회는 아시아 최초로
한국에서 개최된다. 지금까지 이 대회는 미국·호주·남아공·캐

나다 등 영어권 4개국에서만 열렸다. 인천광역시 연수구 송도 잭니클라우스 골프장에 열리는 이번 대회는 2015년 10월 6일 연습 라운드를 시작으로 11일까지 열전에 들어간다.

역사와 전통을 자랑하는 건 라이더컵이다. 1927년 시작된 이 대회는 제2차 세계대전 때 6년 동안 중단되었을 뿐 2년마다 미국과 유럽을 오가며 빠짐없이 열렸다. 대회 명칭은 영국인 사업가 새뮤얼 라이더Samuel Ryder의 이름을 따서 제정됐다.

이에 반해 프레지던츠컵은 1994년 출범했다. 역사는 상대적으로 짧지만 미국과 영국을 제외한 다양한 국적의 선수들이 한 팀을 이뤄 경기하는 만큼 골프 올림픽으로 불려왔다. 특히 2015년 대회는 골프가 정식 종목으로 채택된 2016년 리우데자네이루 올림픽 직전에 개최되기 때문에 올림픽 메달리스트를 가늠해볼 수 있는 전초전 성격이 강하다. 국내에선 최경주(3회)와 양용은(2회), 김경태(1회) 선수가 역대 대회에 출전해 활약했다.

두 대회 모두 유·무형의 막대한 경제적 가치를 창출하고 있다. 세계적인 회계법인 딜로이트&투쉬Deloitte & Touche는 2006년 아일랜드에서 라이더컵이 열렸을 때 개최국이 얻은 경제적 효과를 1억 4300만 유로(약 2000억 원)로 평가했다. 2015년 한국에서 열리는 프레지던츠컵은 225개국, 10억 가구에 30개 언어로 생중계

될 예정이며 2000억 원 이상의 경제유발 효과를 가져올 것으로 기대된다. 무엇보다 국가 브랜드를 알리고, 국내 골프의 위상을 한 단계 더 끌어올리는 기회가 될 것으로 예상된다.

한편, 세계 여자골프 국가대항전은 2014년 출범한 인터내셔널 크라운International Crown이 유일하다. 2년마다 전세계 8개국이 참가하며 나라별 4명의 선수가 랭킹에 의해 선발된다. 2018년 3회 대회는 아시아 최초로 한국에서 개최된다. 이에 따라 한국은 남자골프 대항전인 프레지던츠컵에 이어 인터내셔널 크라운까지 유치해 명실상부 세계 골프의 중심으로 우뚝 섰다.

그동안 골프산업은 유럽과 미국을 중심으로 성장해왔다. 세계적인 대회 개최는 물론이고 역대 전설로 칭송 받는 선수들도 대부분 이들 지역 출신이다. 물론 여자 골퍼는 한국 선수들이 돌풍을 일으키고 있지만 남성 골프는 여전히 영미가 주도권을 쥐고 있다. 이런 상황을 감안할 때 영어권이 아닌 곳에서 처음 열리는 이 대회가 갖는 상징성과 의미는 각별하다.

연도	의장	대회 개최 장소
1994	제럴드 R. 포드 대통령	미국 워싱턴 D.C
1996	조지 H.W. 부시 대통령	미국 워싱턴 D.C
1998	존 하워드 총리	호주 빅토리아주 멜버른
2000	윌리엄 J. 클린턴 대통령	미국 워싱턴 D.C
2003	타보 음베키 대통령	남아프리카공화국 케이프타운
2005	조지 W. 부시 대통령	미국 워싱턴 D.C
2007	스티븐 하버 총리	캐나다 퀘백주 몬트리올
2009	버락 오바마 대통령	미국 캘리포니아주 샌프란시스코
2011	줄리아 길러드 총리	호주 빅토리아주 멜버른
2013	버락 오바마 대통령	미국 오하이오주 콜롬버스
2015	박근혜 대통령	한국 인천광역시

| 〈표1-4〉 역대 프레지던트컵 의장과 개최 장소

6홀

기로에 선
골프산업

◉ 골프의 미래

골프의 인기는 왜 점점 떨어질까

골프가 아무리 비즈니스에 도움이 된다고 하지만 시간과 비용이 꽤 소요된다. 골프는 오가는 시간을 빼도 플레이 시간만 적어도 4시간, 식사와 사우나까지 6시간은 족히 걸린다. 시간이 곧 돈이자 생명인 사람에게는 어울리지 않는 운동이다. 그래도 어쩔 수 없이 나갔다가 경기는 경기대로 안 풀리고 동반자들의 실력이나 매너도 수준 이하이면 괜히 나왔다는 생각이 들게 마련이다.

골프 초보자들이 느끼는 부담은 이보다 더 크다. 기초를 탄탄히 배우는 데도 많은 시간과 비용이 들 뿐만 아니라 규칙이나 룰도 복잡해 어렵게 느껴질 때가 많다. 이런 연유 때문인지 몰라도 스포츠로서 골프의 인기는 예전만 못한 게 사실이다.

영국 경제주간지인 〈이코노미스트〉는 2014년 12월, '골프의 쇠락The decline of golf'이라는 특집기사를 통해 이를 분석했다. 2014년 한 해 동안 미국에서 18홀 규모의 골프장 160개가 문을 닫았으며 8년 동안 이런 추세가 이어져 왔다고 설명했다. 일시적 현상이 아니라 구조적인 문제라는 것이다. 골프 인구 역시 8년 전에 비해 18% 감소한 2500만 명을 기록해 같은 기간 미국 인구가 6% 증가한 것과 대조적인 모습을 보였다. 베이비붐 세대 은퇴와 맞물려 골프 인구가 폭발적으로 늘어날 것이라는 낙관적인 전망을 완전히 뒤집은 것이다. 그 이유로 양극화를 꼽았다. 2008년 금융위기를 거치면서 중산층이 붕괴돼 골프를 즐길 경제적·시간적 여유가 크게 줄어들어 골프 인구가 늘어나지 않은 것이다. 반면 부유층을 겨냥한 고급 골프 클럽은 여전히 잘나가는 것으로 나타났다.

골프의 쇠락은 전 세계적인 흐름이다.

골프의 인기가 사그라지고 있다하지만, 경기가 열릴 즈음엔 여전히 어떤 스포츠 못지않게 주목 받고 있다. 6월 중순은 세계 4대 남자 메이저 골프대회 중 하나인 US오픈이 개최되는 시기다. 미국 전역에서 예선을 거쳐 선발한 아마추어 선수와 전 세계 주요 투어에서 상금 랭킹 상위에 오른 프로 골퍼가 출전해 함께 경쟁하는 대회다 보니 높은 관심을 받는다. 참고로 과거 타이거 우즈와 로코 미디에이트가 명승부를 펼친 2008년 US오픈 연장전은 월요일에 방송됐음에도 7.6%라는 경이적인 시청률을 기록했다. 메이저리그의 월드시리즈 시청률이 8% 전후인 것을 감안하면 전 세계 수천만 명의 갤러리를 TV 앞으로 모은 셈이다. 치열한 승부의 트로피는 우즈의 차지였다. 18홀 연장전에 이어 서든데스 1홀까지 포함한 총 91홀 사투 끝에 우즈는 승리를 거머쥐었다.

4월 마스터스 골프대회를 시작으로 6월 US오픈, 7월 브리티시 오픈, 8월 PGA 챔피언십 등으로 이어지는 시기는 이처럼 대중의 관심이 뜨겁다. 현재 골프산업이 침체일로를 겪는다고 하지만 수준 높은 대회와 뛰어난 기량의 선수가 있으면 골프산업은 언제든지 반등할 수 있음을 단적으로 보여준다. 다만 골프산업이 4대 메이저 대회에 머문다면 그 수명은 호흡기를 단 환자처럼 점차 약해질 것으로 예상된다.

　한국은 미국이나 다른 선진국처럼 골프와 관련된 메이저 대회를 개최할 여건이 되지 않고, 선수층도 두텁지 않아 메이저 대회에 크게 주목하지 않았다. 게다가 2010년 글로벌 금융위기 한파가 불자, 골프를 치는 사람이 줄어들었다. 그나마 다행인 사실은 한국의 여자프로골프들이 미국여자프로골프LPGA투어에서 활약하면서 국내 골프산업을 살리고 있다는 점이다. 2015년 美 LPGA투어가 시작하자마자 최나연(2회)을 필두로 김세영(2회), 양희영(3회), 박인비(4회), 김효주, 전인지, 최운정 등 한국 선수가 8월 초까지 치러진 20개 투어대회 중 12개를 휩쓰는 저력을 발휘했다. 커리어 그랜드슬램까지 달성한 박인비 선수의 메이저 대회 우승으로 한국 여자골프선수들은 2006년과 2009년에 세웠던 11승을 넘어 단일 시즌 최다승 기록도 깼다. 결국 한국 골프가 산업적으로 다시 도약하기 위해선 세계적인 대회에서 활약하는 선수가 뒷받침돼야 가능하다는 것을 다시 한번 보여준다.

● 골프의 위기를 극복할 대안 골프

새로운 대안으로 자리 잡은 스피드골프

현재의 골프산업은 성장동력이 정체됐거나 최소한 늦춰졌다고 보는 게 냉정한 현실이다. 과거 1990년대부터 글로벌 금융위기 이전인 2000년 중반까지는 골프산업은 경제호황과 타이거 우즈라는 걸출한 스타를 등에 업고 전성기를 구가했다. 우즈의 뒤를 이어 로이 매길로이, 조던 스피스 등의 걸출한 신예들이 나서고 있지만 예전 같은 인기를 다시 찾아올지는 여전히 미지수다. 긴 경기 시간과 높은 비용, 젊은 골프 인구의 감소 등 골프에 대한 비관적인 전망과 예측들이 나오고 있으며 이를 두고 과장된 위기론이라는 반론도 있지만 골프가 더 이상 전통 방식대로는 과거의 영광을 가져오기는 어렵다는 게 중론이다. 이런 현실 인식 속에서 미국 등 골프 선진국을 중심으로 기존의 골프 운영 방식이나 복잡한 룰에서 탈피해 새로운 게임 방식과 대안 골프를 마련하고 있다.

새로운 흐름의 핵심은 '경기는 쉽고 재밌게, 시간과 비용은 적게'로 요약된다. 많은 사람들이 스트레스 없이 골프를 즐길 수 있게 해 골프의 흥미를 느끼도록 하는 데 초점을 맞췄다. 18홀을 12홀이나 9홀로 줄여 시간과 비용을 줄이거나 복잡한 룰을 생략해 골퍼들이 흥미롭게 골프를 할 수 있도록 하는 방법이 도입되었다. 또, 마라톤과 골프를 융합해 1~2시간에 18홀을 도는 이른바 '스피드골프'도 등장했다. 미국에는 '스피드골프 인터내셔널Speedgolf International'이라는 단체도 있다.

잭니클라우스는 홀 수를 줄이고 홀컵은 키우는 방법을 도입해 '2시간대 12홀' 대회를 2011년 처음 개최했다. 18홀을 12홀로 줄이고 홀컵의 크기를 기존 4.25인치(108㎜)에서 8인치(203㎜)로 두 배 가까이 늘려 경기 속도를 높일 수 있도록 한 것이다. 거기에 2시간 30분이라는 경기 제한 시간도 만들어 5분씩 지연될 때마다 1벌타가 부과되도록 했다. 또한 미국프로골프협회PGA와 미국골프협회USGA에서는 '매주 수요일에 9홀 경기를 하자'든지 '티잉그라운드를 앞당기자'는 캠페인을 벌여 비거리에 대한 부담감을 줄여 경기의 흥미를 높일 수 있도록 유도하고 있다.

아예 기존 골프 룰을 깨뜨리고 경기하는 '플로그톤Flogton'이라는 대안 골프도 나왔다. '골프가 아니다Not Golf'의 철자를 거꾸로 만든 단어인 플로그톤은 홀컵 크기를 15인치(약 38㎝)로 더 넓히고 매 홀마다 멀리건을 주는 게 허용된다. 마음에 들지 않는 샷이 나오면 땐 벌타 없이 다시 칠 수 있고 라이Lie가 나쁘면 홀에 가깝지 않은 방향으로 1.8m 이내에 공을 옮겨도 괜찮다. 심지어 벙커샷에 한 차례 실패하면 공을 꺼내서 쳐도 되고, 3퍼트 이상은 컨시드를 준다. 이렇게까지 하면 골프가 무슨 재미냐고 반문할 수 있지만 동반자들의 실력과 게임의 흥미를 감안해 충분히 할 수 있는 방법이다. 사실 한국의 주말 골퍼들도 정도의 차이가 있겠지만 이런 식의 융통성 있는 경기 진행을 해오기도 했다.

2012년부터는 국제무대에 1~2시간 내에 18홀을 끝내는 스피드골프대회도 등장했다. 말 그대로 뛰면서 스피드 있게 골프를 진행해 1~2시간 내에 18홀을 끝내는 방법이다. 마라톤처럼 뛰면 운동효과가 배가되고 간결한 준비동작으로 골프를 치면 집중력도 높아지고 기록도 향상된다는 게 이들의 주장이다. 경기 방법은 이렇다. 하프백에 7개 이내 클럽을 넣고 골프화 대신 가벼운 러닝화와 뛰기 편한 옷을 입으면 준비 끝이다. 캐디나 카트도 필요 없고 룰도 경기 스피드를 높이기 위해 몇 가지 완화했다. 퍼트 시 깃대는 그대로 홀컵에 꽂아두며 공을 잃어버리거나 OB일 때는 1벌타를 받고 공이 날아간 어느 선상에서 드롭하고 친다.

가쁜 호흡 뒤에 어떻게 정확한 샷이 가능할까. 미국 100대 교습가 중 한 명인 크리스토퍼 스미스는 "전속력으로 뛰었더라도 공 앞에서 심호흡으로 마음을 가라앉히면 샷이나 퍼트에 전혀 방해되지 않는다"며 "오히려 빠른 플레이는 머리를 어지럽히는 잡념을 없애준다"고 말했다.

스피드골프는 타수 계산도 독특하다. 타수에 걸린 시간을 더한다. 60분 만에 72타를 쳤다면 스피드골프스코어SGS는 132포인트이다. 역대 최고 기록은 크리스토퍼 스미스가 기록한 65타(5언더파), 44분 6초다. 스피드골프스코어SGS로 환산하면 109.06포인트였다.

대안 골프의 미래

이밖에도 골프와 다트 방식을 결합해 실외 연습장에서 동료들과 함께 즐길 수 있도록 고안한 '탑골프TopGolf'도 미국에서 인기다. 마이크로칩이 내장된 골프공을 다트판처럼 생긴 타깃에 가깝게 붙인 정도에 따라 점수가 자동으로 계산돼 화면에 표시된다. 타석에 여러 사람이 어울릴 수 있도록 테이블과 소파 등이 설치돼 음료나 식사를 할 수 있다. 한국에서 발달한 스크린골프의 야외연습장 버전쯤으로 생각하면 이해하면 빠르다.

한국에서 크게 발전한 스크린골프만 하더라도 기존 골프산업에 미친 영향은 대단히 크다. 국내에서 스크린골프가 인기를 끈이유는 접근성과 편리성, 현실성과 오락적인 요소가 가미됐을 뿐 아니라 시간과 비용 측면에서 절약되는 부분이 컸기 때문이다. 점심시간이나 퇴근시간에 이용하면 18홀을 2시간 내에 마칠 수 있으며 비용도 1인당 3만 원 이내에서 해결이 가능하다.

김영찬 골프존 회장은 스크린골프의 발전 가능성이 무궁무진하다고 자신한다. 특히, 젊은 사람들을 중심으로 온라인 골프인구가 더 빠르게 확산될 것으로 내다보고 있다.

"스크린골프도 국내 온라인게임 리그처럼 실내에서 관람하는 시대가 찾아올 것으로 봅니다. 실내 중계의 가장 큰 강점은 그동안 골프 중계에서 보지 못한 새로운 영상을 보여줄 수 있다는 점이죠. 공이 날아가는 모습뿐 아니라 모래, 물속으로 공이 들어가는 모습까지도 정밀하게 보여줄 수 있어요. 새로운 영상과 콘텐츠를 확보하게 되기 때문에 기존 골프 중계보다 더 경쟁력이 있다고 봅니다."

이 같은 대안 골프가 기존의 전통 골프를 완전히 대체하지는 못하겠지만 최소한 경기 방식이나 운영에 있어서 새로운 바람과 변화를 불러일으키는 것만은 확실하다. 따지고 보면 다양한 대안 골프가 나올 수 있는 것도 골프가 그만큼 다양한 매력과 경쟁력을 갖추고 있다는 방증이다. 스포츠 가운데 남녀노소 누구나 동참해 다양한 친구를 사귈 수 있고 나중에 비즈니스 관계로 확장할 수 있는 스포츠는 골프가 거의 유일하다.

"골프만큼 라이프 스타일에 영향을 미치고, 친구들을 만들어 주고, 어디서 살 것인지, 어디서 은퇴 생활을 즐길 것인지를 결정하는 이유가 되며 더 오래 건강하게 살 수 있게 만들어주는 레크리에이션은 없다." 미국골프재단NGF 의 설명이다.

● 필드에 나가기만 하면 죽을 쑨다?

스크린의 즐거움을 필드까지 이어갈 수 있을까?

▶ 평소 스크린의 황제로 불리는 골퍼 A씨는 필드만 나갔다 하면 백 돌이로 전락한다. 반대로 필드에서 보기 플레이어인 B씨는 스크린골프를 해도 80대 벽을 좀처럼 깨지를 못 한다. 스크린과 필드에는 어떤 차이점이 있기에, 이와 같은 현상이 일어날까?

골퍼마다 차이가 나지만 대체로 필드보다 스크린골프의 스코어가 잘 나오는 편이다. 적게는 5타 이내 많게는 10타 이상 차이가 난다.

극단적인 경우이긴 하지만 스크린골프 초절정 고수로 통하는 장보근 씨(42세)가 세운 비공식 최고 기록은 22언더파 50타이다. 그는 18홀 라운드에서 보기 없이 이글 5개와 버디 12개, 파 1개를 기록했다. 스크린골프에서 평균 10언더파를 치는 그가 골프존 공식대회에서 세운 기록은 20언더파 52타이다. 필드 골프도 즐기는 그의 평균 타수는 3언더파로 69타이며 최고 기록은 7언더파 65타였다. 스크린과 필드의 최고 기록만 비교해도 무려 15타 차이가 난다.

골프에서 50대 타수는 '꿈의 타수'로 불린다. 전 세계를 통틀어 공식대회의 최저타는 2010년 일본의 이시카와 료가 일본프로골프투어JGTO 더 크라운대회 4라운드 때 기록한 58타다. PGA투어와 LPGA투어에서 18홀 최저타는 59타였다. 그만큼 필드에서 50대 타수는 '넘사벽'('넘을 수 없는 사차원의 벽'을 뜻하는 인터넷 용어로 감히 넘기 힘든 사람이나 대상을 가리킨다) 스코어다.

스크린골프는 두 가지 핵심기술로 이뤄져 있다. 하나는 공과 클럽을 인식하고 측정하는 센서기술이고, 다른 하나는 측정된 값을 실제 필드처럼 컴퓨터 그래픽으로 구현하는 기술이다. 센서가 얼마나 실제 샷에 가깝게 측정하고 구현해내느냐에 따라 골퍼가 느끼는 체감은 달라진다.

스크린과 필드의 타수 차이는 조준aiming과 트러블샷(벙커나 러프), 숏 게임(어프로치, 퍼트) 등에서 좌우된다. 스크린골프에서는 목표

점이 자동으로 조준돼 스윙만 잘하면 자동으로 깃대방향으로 가게끔 설계돼 있는 반면 필드에선 정확히 조준하지 않으면 엉뚱한 방향으로 가기 쉽다. 벙커와 러프 등에서 탈출하는 것도 큰 차이가 난다. 일단 스크린골프에선 세게 치면 빠져나올 수 있지만 현실은 그렇지 않다. 깊은 벙커나 턱, 긴 러프에 빠지면 여러 번 시도해도 탈출이 어렵다.

감각이 중요한 어프로치나 퍼트 등 숏 게임에서도 공략방법이 다르다. 필드에서 50미터이내 어프로치샷은 굴리는 칩샷이 유리한 반면, 스크린에선 띄우는 피칭샷과 로브샷을 구사해야 좋은 스코어가 나온다. 무엇보다 그린에서의 감각 차이가 크다. 스크린골프의 기술이 날로 향상돼 그린에서도 정교한 퍼트가 요구되지만 현실처럼 바람이나 잔디결, 스파이크 자국, 심지어 홀컵 주변의 미세한 등고차를 다 반영하지는 못한다.

결국 이러한 차이는 실제 필드와 가상공간 간의 기술적·물리적 한계에서 비롯됐다고 볼 수 있다. 아무리 실제와 똑같이 가상공간을 구현한다고 해도 필드에서 생길 수 있는 다양한 변수를 기계에 다 반영하기 어렵고 거꾸로 현실에서 가장 좋은 환경 조건과 컨디션을 갖춘다고 해도 스크린 골프에서만큼 좋은 스코어가 나오기 어렵다.

스크린골프는 분명 단점이 공존하지만 단순히 필드에 비해 떨어진다고 얘기하기 어려울 만큼 기술적으로 성장했다. 과거만 하더라도 실내 연습장이나 인도어연습장(드라이빙 레인지)에서 우드와 아이언 스윙을 익히고 머리를 올렸지만 요즘엔 스크린골프를 통해 이를 충분히 익혀서 필드로 직행하는 경우가 많아졌다. 그만큼 기술적으로 스크린골프와 필드 간의 차이가 줄었고 많은 젊은 이들이 스크린골프를 통해 골프에 흥미를 느껴 입문하고 있다. 스크린골프가 골프의 출발점이 되고 있는 셈이다.

2부

서로 배려받는
배려 골프

폼은 좋은데 스코어가 나쁘면 유명무실하다.
폼과 스코어가 모두 나쁘면 설상가상이다.
한술 더 떠서 매너까지 나쁘면? 대략 난감이다.
슬쩍슬쩍 룰을 어기면, 상대방은 금세 눈치챈다.
그리고 속으로 말한다.
'스코어를 속이는 사람과는 골프도 거래도 하지 않겠다고.'

7홀

날씨에 따른
돌발상황 해결법

◉ 악천후에도 예약 취소는 게스트의 몫

고외필참故外必參

골프 약속은 본인 사망 외에는 꼭 참석하는 것이 불문율로 통한다. 그 정도로 골프 약속은 반드시 지키는 것을 원칙으로 한다.

▶ 저녁이 되자 천둥 번개가 치면서 비가 억수 같이 내리기 시작했다. 내일 골프(티오프 8시 30분)를 주최한 김 이사는 게스트들에게 재빨리 연락을 취했다. "골프장에 문의하니 내일 새벽까지도 비가 많이 온다고 합니다. 상황을 봐서 6시 20분쯤에 다시 연락을 드리겠습니다."

그 시각, 내일 같은 골프장을 예약한(티오프 8시 20분) 박 상무도 비슷한 내용의 메시지를 게스트들에게 보냈다. 새벽이 되자 빗줄기가 가늘어졌지만 정상적인 경기를 치르는 건 어려워 보였다. 해당 골프장에서 오전 경기는 어렵다고 연락이 왔고 김 이사는 곧바로 문자 메시지를 보냈다. "골프장으로부터 라운드 취소 연락이 왔습니다. 아쉽지만 다음에 다시 약속을 잡겠습니다."

골프장으로부터 같은 메시지를 받은 박 상무의 반응과 조치는 달랐다. 골프장에 전화해 취소된 라운드 중 가장 늦은 티업 시간을 급하게 예약하고 게스트들에게 연락했다. "예보를 보니 오후엔 갠다고 하니 일단 천천히 출발해서 클럽하우스에서 보면 어떨지요?"

누가 잘한 행동이었을까. 결과적으로 두 팀 모두 오전 골프 경기를 못 치렀지만 게스트와 끈끈한 비즈니스 관계를 유지한 사람은 박 상무였다. 그의 얘기를 들어보자.

"악천후로 경기가 어려울 경우 경기를 취소할 수 있는 건 호스트나 골프장이 아닌 게스트의 권한이에요. 폭우가 내리더라도 벼락이 치지 않는 한 골프를 치고 싶은 사람이 있고 가랑비만 와도 골프를 치고 싶지 않은 분도 있습니다. 이런 상황에서 미리 연락해서 못 칠 것 같다는 식으로 단정적으로 얘기하면 개인 골프 성향과는 무관하게 백이면 백 언짢아합니다. 설령 게스트가 '게임이 어렵지 않겠냐'고 먼저 물어봐도 미리 판단하지 말고 '골프장 상태를 알아보니 이렇습니다'는 식으로 돌려 말해 게스트가 판단하도록 놔두는 게 좋습니다. 지금 당장 폭우가 내리더라도 도착하면 날이 갤 것으로 기대하는 게 대부분 골퍼들의 마음이니까요. 클럽하우스에서 밥만 먹고 오는 한이 있어도 가는 것이 게스트에 대한 예의를 다한 것으로 비춰질 수 있어 여러모로 낫습니다."

골프에서 약속시간은 금과옥조다.

티오프 1시간 전에는 골프장에 도착하는 것이 기본 예의다. 주차를 하고 등록한 후 락커 열쇠를 받아 옷을 갈아입으려면 최소 15분에서 20분이 걸린다. 여기에 간단한 식사라도 하면 20~30분이 금세 지나간다. 최소한 라운딩 10분 전에는 홀에 도착해야 하는 점을 감안하면 전체적으로 50분은 소요된다. 늦어서 허겁지겁 도착하면 그날 라운드를 망치기 십상이고 다른 동반자에게까지 민폐를 끼치게 된다. 너무 일찍 도착한 경우에는 골프장 내 드라이빙 레인지나 퍼트 연습장에서 시간을 보낸 후 시간에 맞춰 약속 장소에 나타나도록 한다.

앞서 박 상무 일화처럼 날씨가 나빠도 약속을 지킨 사람이라면 골프를 치지 않더라도 상대방에게 좋은 인상을 남기고 비즈니스 관계를 돈독하게 만들 수 있다.

고수들은 폭우가 내리든 춥든, 안개가 많이 끼든지 간에 제시간에 골프장에 도착한다. 골프장에 도착하면 날씨가 좋아질 수도 있고, 여전히 날씨가 안 좋아도 초청한 고객이 치자고 하면 설령 본인은 싫더라도 같이 하는 게 호스트가 배려할 수 있는 최고의 골프 매너다.

따라서 골프장에서 공식적으로 경기를 운영하지 않는 한 초청자가 섣불리 예약을 취소하지 말고 동반자에게 여러 번 의사를 묻고 난 뒤에 결정해야 한다. 취소되더라도 클럽하우스에서 만나 상황을 보고 식사를 하고 헤어지는 것이 더 낫다.

비 오는 날 골프 요령

만약 우중雨中 골프를 한다면 몇 가지 요령이 필요하다. 방수되는 겉옷과 우산은 기본이고 손에서 클럽이 미끄러지지 않도록 장갑까지 준비하면 센스 만점이다. 또한 비 때문에 잔디와 지반이 약해져 있을 때에는 되도록 페어웨이를 적게 걷는 것이 좋다. 지반이 약해진 페어웨이를 걷다보면 옷과 신발을 버리기 십상이고 여기저기 생긴 발자국 디봇으로 뒤 팀 경기에 방해를 줄 수 있기 때문이다.

　비 오는 중에 카트로 이동할 때도 '90도 규정'을 따르는 것이 좋다. '90도 규정'이란 골프 카트가 전용 길로 다니다가 공이 있는 러프나 페어웨이로 들어갈 때 90도로 들어갔다가 나오는 것을 의미한다. 즉, 홀컵에서 공까지 직선을 긋고 공에서 카트 도로 쪽으로 90도의 선을 그었을 때 도로와 만나는 지점에 카트를 세워야 한다는 것이다. 이 규정은 골퍼들의 편의뿐 아니라 비 올 때 경기가 신속히 진행되도록 도와준다. 만약 90도 규정을 지키지 않고 페어웨이와 공 사이로 카트를 마구 운전할 경우 오히려 카트 바퀴 자국으로 뒤 팀 경기에 방해를 줄 수 있다. 또한 그린 근방까지 카트를 몰고 갈 수는 없고 90도 규정이 없는 골프장에선 굳이 카트를 페어웨이까지 몰고 갈 필요도 없다.

하수　골프장으로부터 라운드 취소 연락이 왔다며 게스트에게 묻지 않고 본인이 먼저 판단해 취소를 유도한다.

중수　도착하면 날씨가 좋아질 수 있다고 얘기한 뒤 클럽하우스에서 일단 만나기로 약속한다.

고수　그날 취소된 다른 예약 시간을 미리 알아보고 게스트의 골프 성향과 컨디션, 날씨 등을 고려해 식사 후 경기를 재개할 수 있도록 미리 준비한다.

● 따뜻한 공이 멀리 나가는 이유

날씨 탓이 아니라 골프에선 날씨가 정말 중요하다

골프에서 날씨는 라운드 분위기를 좌우할 뿐만 아니라 스코어에도 큰 영향을 미친다. 특히, 기온이 영하로 내려갈 경우 근육이 경직되고 몸이 둔해져 공에 힘을 제대로 전달하기 힘들다. 대게 기온이 영상 10도 이하로 떨어지면 평균 10%의 비거리 손실이 나는 것으로 알려진다. 평균 드라이버 거리가 220야드인 골퍼라면 겨울철에 200야드에 그친다는 소리다. 물론 겨울철에는 그라운드가 딱딱하게 얼어서 런이 많이 발생할 수 있지만 어찌됐든 평소보다 캐리는 준다.

고무 소재로 만드는 골프공 역시 온도의 영향을 받는다. 기온이 떨어질수록 공의 중심core이 딱딱해지고 탄력을 잃게 돼 비거리가 줄기 때문이다. 골프 전문지 골프다이제스트는 영하 3도에 둔 골프공을 스윙머신을 통해 시속 153km로 타구했을 때 영상 18도에 유지한 공에 비해 비거리는 4.8야드, 전체 거리는 10.3야드 줄어든 것으로 분석했다. 골프공이 제대로 탄성을 발휘할 수 있는 최적의 온도는 영상 24도인 것으로 분석되기도 했다. 따라서 기온이 갑자기 떨어지는 늦가을이나 겨울철, 초봄에는 골프공을 따뜻하게 유지시키면 좋다. 핫팩을 발열시켜 공을 넣어둔 파우치백에 넣어두면 공 때문에 비거리 손해를 보는 일은 적을 것이다.

골프공에 관심 있는 골퍼라면 온도보다 피스piece에 더 신경을 쓴다. 피스는 골프공의 겹을 뜻하며 1피스부터 5피스까지 있다. 1피스는 공의 중심, 즉 코어에 표면만 딤플Dimple 무늬로 가공한 것이고 여기에 하나씩 겹을 더해 5피스까지 만든다. 보통 골프공은 코어를 감싸고 있는 피스가 낮을수록 강도가 단단해 비거리가 많이 나고, 피스가 높을수록 부드러워 스핀과 컨트롤에 유리한 것으로 알려져 있다. 그래서 보통 1피스는 연습용 골프공, 2피스는 거리가 많이 나는 공, 그 이상은 컨트롤이 잘 되는 공으로 인식된다. 가격도 피스가 많을수록 비싸다. 1피스는 개당 300원 안팎이지만, 5피스의 경우 더즌(12개) 당 10만 원이 넘는다. 경기 전 호스트가 3피스 이상짜리 골프공을 증정용으로 줬는데 이를 잘 모르는 초보자가 전반 라운드에서만 그 공들을 다 잃어버리고 주섬주섬 낡은 공을 꺼낸다면 아무리 소모품이지만 주는 사람의 기분이 썩 좋을 리는 없다.

그렇다고 높은 피스의 공이 무조건 좋다고 말하기 힘들다. 골퍼마다 힘과 기술, 스윙 스타일이 다 다르기 때문에 선호도 또한 다를 수밖에 없다. 실제로 골프공도 갈수록 진화해 피스에 따른 기능 차이가 점차 줄고 있다. '낮은 피스=비거리, 높은 피스=컨트롤' 공식이 점차 깨지는 것이다. 특히 요즘엔 기능적인 이유뿐만 아니라 심미적인 차원에서 피스보다 컬러를 더 찾는 사람이 많다.

2014년 정부에서 '스포슈머리포트(sposumer.spois.or.kr)'를 통해 국내에서 시판되고 있는 골프공에 대한 기능성 테스트를 처음으로 실시해 결과를 발표했다. 2피스공 5개, 3피스공 5개, 4피스공 6개 등 국내외 브랜드 열여섯 가지 제품에 대한 비거리 측정 결과는 다음과 같다.

피스	제품명	브랜드	비거리	평균
4PC	PROV1X	타이틀리스트	235.08	234.34
	TOUR B330	브리지스톤	235.08	
	Z-STAR XV	스릭슨	235.05	
	화이트칼라 S4	볼빅	234.82	
	세인트나인 M	세인트나인	234.46	
	SR1	캘러웨이	231.52	

3PC	세인트나인 V	세인트나인	236.88	235.33
	B330-RX	브리지스톤	236.45	
	화이트카라 S3	볼빅	236.10	
	PROV1	타이틀리스트	233.79	
	Z-STAR	스릭슨	233.42	
2PC	엑스트라 디스턴스	브리지스톤	237.88	236.44
	롱롱	볼빅	237.18	
	벨로시티	타이틀리스트	235.95	
	워버드	캘러웨이	235.87	
	디스턴스	스릭슨	235.35	
평균				235.30

| 〈표2-1〉 골프공 피스별 비거리 조사(단위: 야드)

출처: 스포슈머리포트(sposumer.spois.or.kr)

2피스가 가장 멀리 날아가기는 했지만 3피스보다는 1.11야드, 4피스보다는 2.1야드 더 나가는 데 그쳤다. 또한 온도(-10℃, 20℃, 40℃)에 따른 골프공 반발력 시험도 이뤄졌는데 실험 결과 가장 낮은 반발탄성률(%) 대비 가장 높은 반발탄성률(%)의 차이가 8.5cm가량 발생했다. 또한, 기온이 높은 여름철(40℃)에 반발력이 높았으며 겨울철(-10℃)에 반발력이 떨어진 것으로 분석됐다.

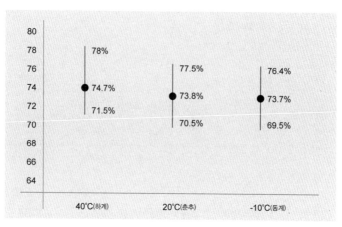

| 〈표2-2〉 계절별 반발력 차이(분석 결과를 도표화한 결과임)
1 m 높이에서 자유낙하 시켰을 때, 반발되어 올라온 높이의 비율로서 cm와 동일하게 해석 가능

출처: 스포슈머리포트(sposumer.spois.or.kr)

 타이틀리스트, 풋조이는 Made in Korea

전 세계적으로 가장 많이 쓰는 골프공과 신발 브랜드는 어디일까? 주인공은 타이틀리스트Titleist와 풋조이FootJoy다. 전 세계 시장 점유율은 50%가 넘는 아쿠쉬네트Acushnet는 미국 골프용품업계의 상징적 기업이다. 아쿠쉬네트는 미국 상장회사인 포춘 브랜즈Fortune Brands의 자회사로 타이틀리스트, 풋조이뿐만 아니라 명품 퍼터로 유명한 스코티 카메론Scotty Cameron 등의 브랜드를 갖고 있다. 그런데 이 회사의 실질 소유주가 한국 회사로 바뀌었다는 걸 모르는 사람이 의외로 많다.

지난 2011년 8월, 휠라코리아와 미래에셋 PEF(사모투자펀드)가 손잡고 세계 1위 골프용품 회사인 아쿠쉬네트의 지분 100%를 약 12억 달러(1조 3000억 원)로 인수하는 계약을 체결했다. 당시 인수에 참여한 경쟁자들은 독일의 아디다스그룹과 일본의 스미토모고무 등으로 쟁쟁했다. 아디다스그룹이 높은 인수가격을 제시했음에도 불구하고 휠라코리아가 인수에 성공할 수 있었던 것은 향후 성장의 중심이 될 아시아 시장에서의 영업 노하우를 보유하고 있다는 점과 구조조정을 최소화하며 독자경영을 유지하겠다는 제안 때문인 것으로 알려진다. 국내 스포츠·패션 업체의 글로벌 인수합병M&A 규모로는 사상 최대였으며 당시 월스트리트저널은 "한국 기업이 경이적인 일을 해냈다"고 평가했다.

한국 선수들이 세계 골프 무대에서 선전하고 있는 가운데, 한국 기업이 세계적인 골프 브랜드를 보유하게 됨에 따라 스포츠 마케팅을 통한 국가 브랜드 가치 상승에도 긍정적 영향을 끼칠 것으로 업계는 내다본다. 재무적 투자자인 미래에셋은 투자이익을 극대화하기 위해 국내 상장을 검토 중이다.

8홀

게스트도 호스트도
만족하는 비즈니스 골프

⊛ **게스트를 먼저 배려하라**

말을 꺼내야 할 때, 말을 꺼내지 말아야 할 때

▶ 7년 이상 비즈니스 골프를 쳤던 어느 금융회사의 B부장은 며칠 앞으로 다가온 중요한 사업 얘기를 파트너사의 C상무에게 전달하고 싶었다. 그래서 적절한 타이밍을 보고 있었다. B부장도 구력이 꽤 되는지라 말하는 요령과 시점쯤은 알고 있었다. 전반 홀을 마치고 나니

어색했던 분위기도 사라지고 어느 정도 화기애애해졌다. 마침 경기의 재미를 돋우기 위해 걸었던 상금도 상대방이 상당히 가져갔다. 충분히 얘기를 꺼내도 좋은 찬스였다. 그야말로 1미터 퍼팅하듯이 '톡' 얘기를 꺼냈다. 상대방도 짐짓 알고 있다는 듯이 고개를 끄덕였다. B부장은 다행이다 싶어 한두 마디 더 사업 설명을 하고 기분 좋게 그늘집을 나왔다.

문제는 후반 라운드에서 벌어졌다. 전반 내내 고전하던 B부장의 샷이 후반에 살아나기 시작했다. 전반 내내 한 번도 상금을 먹지 못했던 B부장이 본의 아니게 상금을 따기 시작했다. 본인도 하고 싶은 말을 다한 덕분일까. 공은 맞는 족족 그린에 올라갔다. B부장은 혹시나 하는 마음에 상대방의 눈치를 살폈는데, 표정이 괜찮아 보였다. 그런데 마지막 18홀을 남긴 상황에서 C상무가 한마디 꺼냈다. "그러고 보니 B부장이 골프를 잘 쳤지?" 그 말을 듣는 순간 B부장은 속으로 아차 싶었다. 마지막 홀은 '딩동댕'으로 끝내고 상금도 사이 좋게 나눠 가졌지만 이미 때는 늦었다. 결국 C상무는 초청한 행사에 나오지도 않고 업무 협조도 이뤄지지 않았다. B부장은 자신의 실수를 인정하면서도 '쩨쩨하게 그런 것 때문에 이럴 수 있나'는 생각이 들었다.

▶ A호텔 면세사업부의 C전무는 지난주 골프를 잘 치고도 '아우디(아름답고 우아한 뒤풀이)'를 갖는 데 실패했다. 명품 L브랜드 유치를 위해 관계자를 초청해 골프를 쳤는데, 게임 후 식사자리에서 사업 얘기를 너무 장황하게 해버렸기 때문이다.

사정이 급한 나머지 C전무는 몇 번이고 비슷한 얘기를 꺼냈다. 급기야 게스트 측에서 "이제 시간도 많이 늦었으니 슬슬 가시죠"라는 말이 나왔다. 몇 개월 후 L브랜드는 A호텔이 아닌 B호텔에 입점하게 됐다. A호텔이 L브랜드를 유치하지 못한 건 결과적으로 계약조건 때문이었지 비즈니스 골프 탓만은 아니었다. 하지만 C전무는 사업 유치에도 실패하고 고객에게도 개운치 못한 뒷맛을 남겼다.

자연스러운 분위기에서 나오는 말 한마디는 비즈니스에 도움을 줄 때가 많다. 그렇다고 너무 목적을 갖고 하다 보면 오히려 독이 되기 쉽다. 골프 분위기를 해칠 뿐 아니라 골연(골프로 이어진 인연)을 이어가기 어렵다. 비즈니스 골프가 바로 사업과 이어지면 좋겠지만 그건 어디까지나 초청자의 생각일 뿐이다. 손님 입장에선 여러 골프 약속 중 하나일 뿐이다. 때문에 상대방에게 내 목적을 드러내 보이기보다 비즈니스에 연연하지 않고 진정성 있는 모습을 보였다면 다음에 더 좋은 기회가 올 수 있었을 것이다.

또한 18홀을 다 돌아도 게임이 끝난 게 아니다. 분위기가 좋아 나인 홀을 추가할 수 있고 동반자와 뒷풀이하는 19홀이 남아 있기 때문이다. 동반자끼리 하는 식사나 술자리를 뜻하는 19홀은 비즈니스 골프의 성패를 가늠하는 척도이자 인맥과 비즈니스 관계를 이어가는 출발점이다.

19번 홀은 동반자와 경기를 돌아보면서 편안하게 얘기를 나누는 시간이다. 이때 나누는 대화는 사업 관계를 강화해주는 촉매제 역할을 한다. 그렇다고 초청자가 자산의 비즈니스 얘기에 집중한다면 손님에게 '이 사람은 결국 그 일 때문에 나를 불렀구나'라는 인상을 남겨줘 관계가 오래 지속되기 어렵다. 19번 홀은 거래를 성사시키는 자리가 아니라 친분을 쌓는 기회라고 생각해야 한다.

그렇다면 B부장과 C전무가 얘기를 가장 꺼내기 가장 좋은 시점은 언제였을까. 사업적으로 중요한 용건은 경기 중이 아니라 경기가 끝난 후에 말하는 것이 좋다. 식사 중에 자연스럽게 화제를 꺼내거나 18홀이 끝난 후도 좋지만 가능하면 상대방이 물어보기 전까지는 먼저 얘기를 꺼내지 않는 것이 좋다. 상대방이 물어봤을 때도 요점만 간단히 전달하는 게 최선이다. 이때도 직접적으로 사업 얘기를 하기보다 경기가 즐거웠다는 식의 감사인사에 더 초점을 맞춘다. 가령 이런 식이다.

"오늘 골프가 정말 즐거웠습니다. 앞으로 계속 뵙고 싶고 사업도 승승장구하시길 바랍니다. 다음에 비는 시간이 있으면 다시 한번 모시고 싶습니다."

비즈니스 골프를 치는 사람이라면 이 뜻을 모를까. 혹시 모른다고 해도 초청자가 괜찮아 보이는 건 비단 골프 때문은 아닐 것이다. 비즈니스 골프에서 '침묵이 금'이 될 때가 많다.

경기 후 작은 성의를 보여라

경기 후 가벼운 선물을 주는 것도 상대방에게 좋은 인상을 남기는 방법이다. 비즈니스 골프에서 선물은 초청에 응해준 데 대한 감사의 표시이자 만남을 기억하게 하는 매개체다. 상대방이 부담스러워하는 것은 좀 그렇지만 그날 만남을 기념하는 의미의 작은 성의 표시는 크게 문제될 게 없다.

대개 클럽하우스에서 판매되는 과일이나 와인, 쌀을 주는 경우가 많다. 하지만 이는 부담 없이 받을 수 있는 선물이라는 점에서 나쁘지 않지만 먹고 나면 없어지기 때문에 인상적인 선물이라 하기 어렵다. 선물의 포인트는 상대방이 오래 기억할 수 있도록 하는 것이다. 구력 15년의 한 임원은 해당 골프장에서만 판매되는 기념품을 주거나 게스트의 스윙 모습을 사진으로 담아 나중에 골프백 태그를 만들어주는 것도 작지만 효과가 큰 선물이라고 조언했다.

게임 전에 골프공을 주는 것도 일종의 작은 선물이다. 하지만 결국 과일과 같은 소모품이라 상대방이 당연하게 여길 수도 있다. 공을 주더라도 회사의 로고가 새겨져 있거나 유명 프로 선수의 사인이 있는 공을 준다면 상대방이 한 번 더 기억하게 된다. 공을 줄 때도 각 피스별로 번호가 적혀 있는데, "좋아하는 번호가 몇 번입니까?"라고 먼저 물어보고 주는 게 예의다. 보통 이렇게 물으면 "아무거나 주십시오"라고 답하지만 순간적으로 이런 작은 것에도 신경 쓴다는 인상을 주기 때문이다.

이밖에도 맞춤 제작한 골프 파우치나 네임 태그, 동반자의 이름이 적힌 마커 등은 상대방을 오랫동안 기억하게끔 만드는 작지만 큰 효과를 발휘하는 선물이다. 중요한 분을 모실 때 게스트뿐만 아니라 캐디한테도 손톱깎이나 핸드크림 등 작은 선물을 주면 더 좋은 분위기를 연출할 수 있다.

굳이 선물을 주지 않더라도 게스트에게 깊은 인상을 남길 수 있는 방법도 있다. 한 임원은 "18홀 마지막 퍼트를 마치고 호스트가 오늘 게임이 무척 즐거웠다고 그 자리에서 바로 수첩을 꺼내 다음 골프 약속을 잡는 것만큼 기분 좋은 일도 없다"고 귀띔했다. 게스트는 선물보다 호스트의 말과 행동에 더 큰 감동을 받는 법이다. 19홀에서도 결국 파罷를 잘해야 한다. 제대로 마무리를 못 지을 경우, 비즈니스에서도 영영 백돌이에 머물게 된다.

하수	라운드 중간에 하고 싶은 얘기를 꺼낸다.
중수	경기 후 식사자리에서 자연스럽게 말한다.
고수	상대방이 물어보면 간단히 얘기하고, 감사하다는 말과 함께 다음 골프 약속을 잡는다.

● 협상의 10계명으로 보는 비즈니스 골프

책《협상의 10계명》전성철·최철규 지음에선 상대의 마음을 어떻게 움직이고 설득해 좋은 협상의 결과를 이끌어내는지 잘 설명하고 있다. 비즈니스 골프 역시 협상 과정과 닮은 요소가 많다. 책에서 말한 협상 10계명을 비즈니스 골프에 적용해 봤다.

제1계명: 요구에 얽매이지 말고 욕구를 찾아라

비즈니스 골프를 통해 자신의 요구를 서둘러 드러내기보다 먼저 동반자의 말에 귀 기울이고 그의 관심사나 고민이 무엇인지

듣는 자세가 우선 필요하다. 그러면 상대방도 내 말을 경청하게 되고 더 발전적인 관계로 나아갈 수 있다.

제2계명: 양쪽 모두 만족하는 창조적 대안을 개발하라

협상할 때 상대방의 요구가 아닌 근본적인 욕구에 초점을 맞추면 여러 가지 협상 대안과 방법이 나온다. 비즈니스 골프에서도 똑같이 적용된다. 보통 게스트는 처음에 초청자가 마련한 골프 장소와 시간 그리고 멤버 구성에 동의하는 편이다. 초청 받는 입장에서 가타부타 요구하는 모양새가 그리 좋아 보이지 않아서다. 그러나 약속한 일정이 다가올수록 생각은 복잡해진다. 특히 골프 초청을 자주 받는 사람일수록 더욱 그렇다. 약속을 불과 일주일도 채 안 남긴 상황에서 불참이나 약속 변경 얘기를 꺼낸 경우 대부분 중대한 일이 생겼다기보다 처음에 잡은 일정에 대한 불만 내지 아쉬움을 간접적으로 표출하는 방식일 수도 있다. 물론 이렇게 갑자기 일정을 자주 바꾸는 게스트라면 호스트에게도 좋은 인상을 줄 수 없다.

이런 일을 미연에 방지하기 위한 창조적 대안은 크게 두 가지다. 하나는 게스트가 골프 자체에 흥미를 높일 수 있도록 마련하는 것이고 다른 하나는 상대방의 목적을 충족시켜줄 수 있는 중요한 멤버를 꼭 동참시켜 약속이 절대 깨지지 않게 만드는 것이다. 좋은 골프장과 티업 시간 등을 잡는 것이 골프의 흥미를 느끼게 하는 한 방법이라면 고위직 간부나 유명인, 프로 골퍼 등을 대동하는 것은 후자의 방법이 된다.

제3계명: 상대방의 숨겨진 욕구를 자극하라

"요즘 골프를 안 친다"고 말하는 사람일수록 골프 마니아일 가능성이 높다. 그런 사람이 골프를 마다한다면 분명 다른 이유가 숨어 있다. 그것이 무엇인지 찾아내 제안한다면 먼지에 쌓인 골프백을 털어서라도 다시 나올 것이다.

제4계명: 원원 협상을 만들도록 노력하라

원원 협상이란 양측 모두 얻는 게 있고 협상 후에도 뒤끝이 남지 않는 걸 의미한다. 갑을 관계라도 상호 신뢰와 배려가 있어야 가능하다. 골프도 일방적인 접대의 틀에서 벗어나 서로의 고민을 들어주고 필요한 부분을 긁어주는 자리가 되면 원원 효과를 가져올 수 있다.

제5계명: 숫자를 논하기 전에 객관적 기준부터 정하라

골프의 재미를 높이기 위해 하는 간단한 내기라도 시작 전 객관적인 기준을 정하지 않으면 라운드 중간에 낭패 보는 일이 생긴다.

제6계명: 합리적 논거를 협상의 지렛대로 활용하라

협상을 하기 전 정확한 데이터를 기반으로 설득력 있는 논리를 개발하는 게 기본이다. 골프에 있어서 데이터는 본인의 핸디캡과 스코어카드에 적힌 숫자다. 핸디캡을 과장하거나 스코어카드의 숫자를 속이는 등의 행위는 신뢰감을 떨어뜨린다.

제7계명: 배트나를 최대한 개선하고 활용하라

책에서 말하는 배트나BATNA는 Best Alternative to Nego-tiated Agreement의 약자로 협상이 결렬됐을 때 대신 취할 수

있는 최상의 대안을 뜻한다. 차선책인 플랜B를 철저하게 준비할수록 상대방을 강하게 압박할 수 있어 협상력을 높이고 설사 협상이 깨지더라도 좋은 대안으로 갈아탈 수 있다는 게 요점이다. 비즈니스 골프에서도 배트나는 꼭 필요하다. 돌발변수로 골프 일정이나 멤버가 바뀌는 일이 비일비재하기 때문이다. 짧은 시간 안에 처음 잡은 약속에 버금가는 장소와 시간, 멤버로 교체한다면 동반자에게 호감을 줄 수 있지만 그렇지 못할 경우 골프 인연을 이어가기 힘들다.

제8계명: 좋은 인간관계를 협상의 토대로 삼아라

한두 번 골프를 같이 쳤다고 해서 하루아침에 인간관계나 비즈니스 관계가 개선되기 바라는 건 요행이다. 골프는 어디까지나 골프일 뿐이고 업무는 또 업무다. 다만, 골프를 하는 과정에서 상대방에게 보여주는 성의나 매너 등 인간적인 모습은 향후 비즈니스 관계에서 보이지 않는 큰 역할을 한다.

제9계명: 질문하라, 질문하라, 질문하라

책에서 정의하는 협상이란 '상대방의 욕구를 파악해 만족시키거나 자극하는 기술'이다. 이를 위해선 질문을 잘해야 한다고 강조한다. 어떻게 질문하느냐에 따라 상대방의 태도나 답변이 달라질 수 있어서다. 골프도 마찬가지다. 속이 보이는 뻔한 얘기를 돌려서 말하거나 상대방을 당혹스럽게 하는 엉뚱한 질문을 하는 건 오히려 반감을 줄 수 있다. 솔직하고 당당한 모습으로 상대방의 마음을 사로잡을 수 있는 화제와 질문을 건네면 당신을 보는 눈이 달라질 것이다.

제10계명: NPT를 활용해 준비하고 또 준비하라

NPT는 '협상 준비 테이블Negotiation Preparation Table'의 약자로 협상을 체계적이고 효율적으로 하기 위해 만든 일종의 체크리스트다. 아젠다, 요구, 욕구, 창조적 대안, 숨겨진 욕구, 협상의 기준, 가능한 배트나 등 일곱 가지 항목을 기준으로 본인과 협상 상대방의 의사를 적어 꼼꼼하게 협상 준비를 할 수 있도록 만들었다. 비즈니스 골프도 다를 바 없다. 중요한 비즈니스 골프일수록 자신만의 체크리스트를 만들어 얼마나 철저하게 준비하느냐에 따라 라운드 분위기는 물론 사업 성공 여부까지도 갈린다.

시간	공통	호스트	초보 게스트
전날(金)	▪ 캐디백: 14개 이하 클럽, 장우산, 골프공 여분 ▪ 보스턴백: 골프화, 속옷과 양말, 세면도구, 모자, 여분의 옷 (여름: 바람막이 점퍼, 팔 토시, 선글라스/ 겨울: 귀마개, 목도리, 핫팩) ▪ 손가방: 장갑, 골프티, 골프공, 마커, 게임비 10만 원 이하, 선크림 등) ※ 캐디백과 보스턴백에 네임 태그 부착	▪ 골프장 예약 및 날씨 체크 ▪ 멤버 간 이동할 차량 및 픽업 시간과 장소 정하기 ▪ 게스트에게 골프장 및 티업 시간 재공지	▪ 캐주얼 정장 및 라운드 복장 준비 (청바지, 반바지, 라운드 티셔츠 등 삼가) ▪ 예약된 골프장 코스 이미지 인터넷으로 사전 확인
출발 및 도착 (아침 7시경)	▪ 클럽하우스 앞에 임시 주차하면 직원이 트렁크에서 캐디백, 보스턴백을 내림. 이후 개별적으로 차를 주차한 후 클럽하우스로 이동 ※ 주차 시 전면주차로 트렁크가 바깥쪽으로 향하게 할 것(라운드 후 캐디백 싣기 용이)	▪ 기상 악화 시 실시간으로 날씨를 체크해 상황을 게스트에게 알려줌	▪ 직원이 직접 주차해주는 경우 따로 발렛비를 낼 수도 있음
클럽하우스 입장	▪ 정장차림으로 입장해 안내데스크에서 예약자명, 티업 시간 확인 후 이름 적고 락커키 수령 ▪ 개인 락커에서 정장 탈의 후 라운드 복장으로 갈아입고 레스토랑으로 이동해 식사	▪ 일찍 도착(1시간 이상) 시 사우나 이용 및 드라이버, 퍼트 연습	▪ 이름을 적을 시 호스트나 연장자의 위 칸을 비워 두고 아래에 적음
경기 및 마무리	▪ 앞팀 경기 시 정숙 유지 ▪ 뒤팀 대기 시 멀리건 사용 자제 ▪ 그늘집에서 과도한 음주 및 음식주문 자제 ▪ 18홀 후 개인 클럽 개수와 종류 확인 사인	▪ 18홀 후 캐디피 현금 지급 ▪ 팁은 라운드 분위기에 따라 성의껏 제공 (의무는 아님)	▪ 스코어카드 기록 확인 및 수령
탈의 및 샤워	▪ 부분 탈의 후(속옷 차림) 새 속옷과 세면도구만 챙겨 사우나로 이동해 샤워	▪ 게스트보다 미리 샤워 끝낸 후 정산 및 선물 준비	▪ 30분 이내로 샤워와 단장을 마침(여성이라면 1시간을 넘지 않도록 유의)
뒤풀이	▪ 클럽하우스 내 레스토랑이나 인근 맛집에서 식사 및 대화	▪ 대리운전 및 모범택시 준비	▪ 교통 상황 체크

| 〈표2-3〉 골프 라운드 체크리스트(土, 오전 8시 티업 기준)

🌐 경기가 재미있으면 모든 일이 풀린다

명랑골프일수록 라운드 만족도가 높다

비즈니스 골프가 만족스러웠다고 느낄 때는 언제일까? 당연히 골프도 잘 되고 내기 돈도 많이 땄을 때이겠지만 상황과 입장에 따라 다 다를 것이다. 이를 체계적으로 연구하고 분석한 국내 논문이 있다. 〈골프 라운딩 유형과 파트너의 수준에 따른 몰입경험 및 라운딩 결과〉박영민·김건철·고홍렬·남재화, 1998년다.

이 연구에서는 라운딩 유형을 여가지향형, 경쟁지향형, 사업지향형으로 나누고 파트너 수준은 상급자(자신의 핸디캡보다 낮은 수준), 동급자(같은 핸디캡), 하급자(자신의 핸디캡보다 높은 수준)으로 설정했다.

결론을 요약하면, 라운딩 결과가 평소보다 좋았다고 답한 사람은 '여가지향형〉사업지향형〉경쟁지향형' 순이었고 파트너 수준에 따른 라운딩 결과는 '동급자〉상급자〉하급자' 순이었다. 한마디로 비슷한 실력의 골퍼와 명랑골프를 칠 때 경기에 대한 만족도가 높았다는 것이다. 따라서 비즈니스 목적의 골프라도 욕구를 드러내기보다 경기를 재미있게 하는 데 더 집중하면 게스트의 만족도가 올라가 나중에 더 나은 결과를 가져올 수 있다.

9홀

내기골프에도
눈치가 필요하다

◉ 내기골프 속 미묘한 복마전

눈치싸움

▶ 옛말에 '돈을 잃으면 조금 잃는 것이고 명예를 잃으면 많이 잃는 것이고 건강을 잃으면 아주 잃는 것이다'고 했다. 내기골프광인 김 부장의 생각은 다르다. '버디를 못 하면 조금 잃는 것이고, 니어를 못 하면 많이 잃는 것이고, 배판을 못 하면 아주 잃는 것이다.'

H건설 김 부장이 다른 회사 임원으로 승진해 간 입사동기 최 이사와 비즈니스 골프를 치게 됐다. 김 부장은 재무팀 부하인 이 차장을 데려왔고 최 이사도 자기 회사 전략팀 양 부장을 동반했다. 비즈니스 골프에서 내기는 빠질 수 없는 법. 가장 널리 쓰이는 '스킨스 방식'을 택했다. 스킨스는 핸디캡이 서로 다른 네 명의 골퍼가 각자의 실력에 따라 일정 금액을 내놓은 후 각 홀에서 가장 적은 타수를 기록한 사람이 홀별로 건 상금(스킨)을 가져가는 경기방식이다. 이 규칙에 따라 전체 금액을 40만 원으로 맞춰 성적에 따라 각 홀당 2만 원씩 시상하기로 했다. 전·후반 파3홀 4개에 니어리스트 상금 1만 원도 배정했다. ('니어'란 파3홀에서 한 번에 그린에 공을 올렸을 때 핀에 가장 가까운 사람이 상금을 가져가는 규칙을 말한다. 단, 파 이상의 성적을 거두지 못했을 경우 상금을 가져갈 수 없다. 만약 두 번째로 가까웠던 사람이 파나 버디를 하면 니어 상금을 가져간다.)

미리 20만 원을 준비한 김 부장(핸디캡 5)은 따로 8만 원을 냈고 보기 플레이어인 최 이사(핸디캡 11)와 양 부장(핸디캡 13)은 각각 5만 원, 4만 원을 냈다. 90대 안팎을 친다고 밝힌 이 차장은 3만 원을 냈다. 양 부장과 이 차장이 평균 4타 정도 차이가 난다고 보고 전반 홀에 2개, 후반 홀에 2개의 핸디캡을 주기로 했다. 즉, 전반 홀의 어려운 두 홀에서 양 부장과 이 차장이 비겼다고 해도 이 차장이 이긴 걸로 하는 것이다.

전반 홀은 순조로웠다. 실력대로 상금을 가져가면서 분위기도 화기애애했다. 분위기가 묘하게 흘러간 건 후반 막판에 접어들면서부터다. 전반에 한 번도 상금을 못 가져간 이 차장이 5홀을 남긴 시점에서 3번 연속 상금을 탔다. 마지막 3번째에서 이 차장은 버디까지 하면서 생살 같은 민족자본(버디값)마저 가져갔다. 민망해진 김 부장은 "허허 실전 고수는 여기 있었네"라고 먼저 한마디를 던졌고 이 차장은 멋쩍게 머리를 긁적였다. 최 이사와 양 부장도 멋쩍게 웃었지만 표정은 밝지 않았다. 아나나 다를까. 17번 홀에서 최 이사와 양 부장은 동시에 샷이 흔들리면서 벙커와 해저드를 오갔고 가져갔던 상금까지도 내놓게 됐다. 결국 마지막 홀은 딩동댕으로 끝내서 겨우 상금을 분배했지만 한번 식은 분위기는 회복할 수 없었다.

내기골프를 칠 때는 티오프 전에 확실한 액수와 방법을 팀원 모두의 합의로 결정해야 한다. 또 서로의 핸디를 확실하게 정한 후 시작해야 한다. 처음 라운드에 서로의 핸디캡을 알 수 없기 때문에 솔직하게 얘기해야 오해가 없다. 일반적으로 골퍼들은 자신의 골프 실력을 실제 핸디캡보다 한두 타 낮춰서 말하지만 내기골프를 할 때는 그보다 서너 타 더 올려 분식粉飾하는 경향이 있기 때문이다.

가장 보편화된 게임은 앞서 설명한 스킨스와 스트로크다. 스트로크게임(총 타수를 합산해 가장 적은 타수를 기록한 선수 순으로 순위를 정하는 경기 방식)은 타수당 일정액을 동반자 간 타수 차이만큼 주는 방식이다. 예로 본인이 더블 보기를 했고 두 명이 보기, 나머지 한 명이 파를 했다면 보기 두 명에게는 1타에 해당하는 금액을, 파를 한 사람에게는 2타만큼 금액을 쥐야 한다. 스킨스나 스트로크 모두 하수에게 평균 타수 차이만큼 미리 핸디캡을 주지만 열에 아홉은 하수가 고수에게 돈을 잃기 쉽다. 그래서 고수의 독식을 막기 위해 나온 것이 '뽑기' 게임과 'OECD경제협력개발기구' 규칙이다.

속칭 '뽑기'로 불리는 신新 라스베이거스 게임은 홀아웃을 한 뒤 뽑기로 편을 나눠 각자 나온 스코어를 같은 편끼리 더하거나 곱해서 낮은 스코어가 나온 팀이 상금을 가져가는 방식이다. 누가 같은 편이 될지 모르기 때문에 서로를 격려할 수 있고 조커가 있기 때문에 하수가 고수팀을 잡을 수도 있다.

뽑기에 OECD 규칙을 더하면 막판 반전 재미와 부(상금)의 쏠림 현상도 막을 수 있다. 예를 들어 6만 원 이상(홀당 상금 1만 원 기준) 돈을 가져가면 OECD에 가입한 것으로 간주하고 페널티를 적용해 오히려 돈을 토해내게 하는 벌칙이다. OECD는 일명 '칠거지악'이라는 OB, 벙커, 해저드, 3퍼트 이상, 트리플 보기 이상, 옆 그린온, 로스트 볼 상황에 처했을 때 해당된다. 보통 OB, 벙커, 해저드, 3퍼트 정도만 적용하며 한 홀에서 최대 2번까지 페널티(2만원)를 부과하는 게 일반적이다.

도박을 하면 그 사람의 성격을 알 수 있다고 했다. 내기골프도 마찬가지다. 어떤 사람은 내기가 주는 흥분과 압박감 때문에 극도로 예민해지기도 하고 심하면 신경질적으로 돌변하기도 한다. 승부욕이 앞선 사람은 스윙의 균형을 잃고 '좌탄우탄' 샷을 날리기도 한다.

이를 학문적으로 연구한 논문도 있다. 〈골프라운딩 시 내기골프 참가자들의 상호작용 패턴〉김영호·이종영, 2010년이다. 이 논문에 따르면 내기골프를 하게 되면 개인 성향, 동반자와의 관계, 환경적 영향 등 세 가지 요인이 복합작용한다고 한다(표2-4 참조). 결국

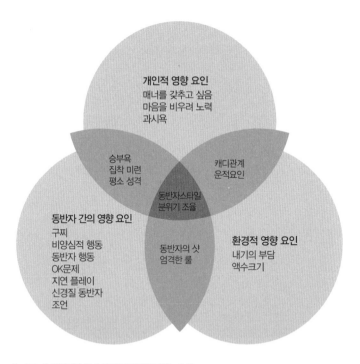

| 〈표2-4〉 내기골프 시 상호작용에 영향을 미치는 요인

출처: 〈골프라운딩 시 내기골프 참가자들의 상호작용 패턴〉, 김영호·이종영, 2010년.

내기를 하면 참가자 간 미묘한 복마전이 전개되고 이런 것들이 그 사람의 됨됨이를 판단할 수 있는 하나의 근거가 될 수 있다. 비즈니스 관계도 결국 돈과 결부되어 있기 때문에 내기에서 보인 참가자의 태도가 실제 모습과 크게 다르지 않을 가능성이 높다.

> **하수** 경기나 스코어보다 내기에 더 신경 쓴다.
>
> **중수** 뽑기로 기분 좋게 경기를 마무리 짓는다.
>
> **고수** 게스트의 실력에 맞춰 내기 룰을 정하고 상대방의 스코어와 가져간 상금을 정확히 알고 막판에 융통성을 발휘한다.

◉ 색다른 내기골프

오빠 삼삼해 시리즈

내기골프에서 '오빠' 시리즈도 많이 애용된다. 기본적으로 스킨스 게임에서 변행된 방식이며 고수의 독주를 막기 위해서 오빠로 시작하는 다양한 벌칙 은어를 만들어 상금을 내놓게 한다. OECD규칙의 확장판이라고 보면 된다(표2-5 참조).

	OB (오)	벙커 (빠)	가라스윙 (가)	나무 (나)	도로 (도)	보기 (보)	2보기 (이)	트리플 (삼)	3퍼트 (삼)	해저드 (해)
오빠 삼삼해	○	○						○	○	○
오빠가 삼삼해	○	○	○					○	○	○
오빠 나도 삼삼해	○	○		○	○			○	○	○
오빠 이상해	○	○					○		○	○
오빠 보상해	○	○				○			○	○

| 〈표2-5〉 오빠 시리즈 게임 시행표

스킨스 게임 중에는 오빠 외에도 '조폭 게임'도 있다. 조폭이라고 부르는 것은 강압적인 요소를 넣어 한 방에 승부를 뒤집게 할수 있어서다. 보기를 기록하면 전 홀에서 따낸 상금의 절반을, 더블 보기를 하면 지금까지 가져간 돈 전부를 그 홀 승자에게 빼앗기는 방식이다(실력에 따라 더블 보기, 트리플로 조절 가능). 만약 버디를 하면어느 홀에서나 전 홀까지 가장 많은 스킨을 따낸 사람의 스킨을다 가져올 수 있다.

● 타이거 우즈와 골프 치면 스코어가 떨어진다?

슈퍼스타 효과

멤버 중에 골프를 잘 치는 사람이 있으면 내 스코어는 좋아질까 나빠질까? 짐작은 했겠지만 '그때그때 달라요'일 것이다. 그럼 만약 내가 최경주 선수와 타이거 우즈와 칠 기회가 있다면 두 라운드 중 어느 때 스코어가 더 잘 나올까? 여러 변수가 있겠지만, 확률상 최경주 선수랑 라운드를 했을 때가 좀 더 나을 것이다.

이를 실증적으로 분석한 학자가 있다. 미국의 제니퍼 브라운 Jennifer Brown 교수의 《Quitters Never Win: The (Adverse) Incentive Effects of Competing with Superstars》중도 포기자는 절대 이기지 못한다: 슈퍼스타와 경쟁했을 때의 인센티브 (역)효과라는 논문을 통해서다.

논문 내용을 한마디로 정리하면, 프로 선수들도 타이거 우즈 같은 슈퍼스타와 경기를 하면 평소보다 스코어가 잘 안 나온다는 것이다. 우즈가 잘 나가던 2000년 기간에 상위 선수들의 평균 타수는 우즈가 참가하는 대회에서 1.8타가 올라갔고(타수가 올라갈수록 성적 하락) 2004년과 같은 슬럼프 기간에는 0.6타 정도 오르는 데 그친 것으로 분석됐다. 흥미로운 점은 우즈와 우승을 다투는 상위권 선수일수록 성적 하락이 더 뚜렷했다는 점이다. 반면, 하위권 선수들은 우즈의 참가와 관계없이 비슷한 성적을 냈다.

이 분석 결과는 무엇을 의미할까. 쟁쟁한 실력을 갖춘 선수들도 우즈 같은 대스타가 오면 긴장해 의욕이 한풀 꺾이고 반대로 우즈가 참가하지 않으면 우승 의욕이 높아져 성적이 올라가게 된다는 것이다. 요즘 종이 호랑이가 된 우즈의 실력을 감안하면 이 논문도 격세지감이 느껴진다.

이런 우즈 효과는 비단 골프 경기에서만 벌어지지 않는다. 회사 세일즈 부서나 로펌에서도 '특출 나게 잘하는 사람'이 조직원들의 의욕을 꺾이게 한다는 게 브라운 교수의 설명이다. 보통 외부에서 '능력자'가 오면 기존 조직원들에게 긴장감을 불어주고 의욕도 높여 한 단계 더 좋은 성과를 낼 수 있지만 '초능력자'가 오면 오히려 역효과가 날 수 있다는 것이다. 잘 쓰면 약, 못 쓰면 독이 되는 게 '슈퍼스타 효과Superstar effect'인 셈이다.

비즈니스 골프를 칠 때도 나와 실력이 비슷하거나 조금 더 잘 치는 사람과 치는 게 스트레스도 덜 받고 스코어도 잘 나올 수 있는 길이다.

10홀

아군이자 동반자,
캐디

◉ 섣부른 나인교체를 삼가라

게스트뿐만 아니라 캐디 또한 배려해야 한다

▶ A은행 수석PB인 김 부장은 지난 주말 캐디의 말 한마디 때문에 곤혹을 치렀다. 90대 초반 실력을 갖춘 VIP 고객 2명과 세미 프로를 같이 모시고 간 자리였는데 게임 진행이 더디기만 했다. 한 분은 어드레스 자세(스윙 직전의 자세)를 잡고 빈 스윙만 3번 이상을 하는 타고난 슬로우 플

레이어였고 다른 한 분 역시 진행이 느린데 프로에게 또 얼마나 자주 이것저것 물어보는지, 옆에서 이를 지켜보는 김 부장이 속이 터질 지경이었다.

아니나 다를까 홀을 거듭할수록 캐디의 말수는 줄고 얼굴에는 미소가 사라졌다. 클럽을 바꿔주는 것도 수동적이 되고 공을 찾는 것도 건성인 게 눈에 보일 정도였다. 남은 거리를 알려주는 것이나 퍼트 라인을 읽는 것도 번번이 틀렸다. 급기야 진행까지 재촉하자 VIP들의 표정에도 언짢은 기색이 역력했다. 이를 감지한 김 부장은 조용히 캐디를 불러 "나도 이해하니까 손님한테 푸시하지 말라"고 귀띔했다.

하지만 전반 마지막 홀 그린에서 일이 터졌다. 캐디가 마크해준 공이 왼쪽으로 흘러 파를 놓치자 게스트는 "왼쪽 라이를 너무 안 본 거 아니야"라고 지적했다. 그러자 캐디가 "고객님이 오늘 계속 열어 치시기에 일부러…"라고 대꾸해버렸다. 일순간 무거운 침묵이 흘렀다. 게스트는 얼굴을 붉히며 말없이 카트를 탔고 황망해진 김 부장은 게스트의 비위를 살피느라 마지막엔 어떻게 골프를 쳤는지 모를 지경이었다.

전반 경기를 마친 후 서둘러 경기과에 얘기해서 나인교체(9홀을 마치고 캐디를 교체하는 일)를 요구했다. 다행히 후반에 교체된 캐디가 어색한 분위기를 잘 수습해줬지만 한번 망쳐진 분위기를 되돌리기엔 역부족이었다.

'캐디에게 절대 화내지 말라'는 것은 비즈니스 골프의 불문율이다. 거꾸로 생각해 보면 캐디한테 화낼 상황이 적지 않다는 걸 의미한다. 주말 골퍼가 캐디에게 불만을 나타내는 이유는 주로 남은 거리, 퍼트 라인, 스코어 오기 등 숙련도가 부족하거나 습관적으로 진행을 재촉할 때다. 캐디가 비즈니스 골프에 지장을 줄 정도로 능력과 태도에 문제가 있다면 바꾸는 게 상책이지만 이 방법은 가급적 쓰지 않는 것이 좋다는 게 경험자들의 조언이다. 한 골퍼는 "정말 중요한 손님이라면 나인교체가 생기지 않도록 미리 베테랑 캐디를 섭외해야 한다. 캐디가 중간교체 후 분위기가 나아지면 다행이지만 급하게 요청되는 만큼 분위기가 크게 달라지지 않을 수 있다"고 전했다.

베테랑 캐디가 아니라면 교체 전에 최소한 캐디의 태도를 바꾸려는 노력과 요령이 필요하다. 그 역할은 호스트의 몫이다. 일단 김 부장처럼 캐디한테 조용히 언질을 주거나 우회적으로 "고생 안 시키려고 일부러 카트 쪽으로 쳤어"라고 말할 수 있다. 눈치가 있는 캐디라면 호스트의 얘기를 듣고 다른 게스트에게 더 신경을 쓰게 된다.

아울러 본인이 캐디 조수인 것처럼 옆에서 적극적으로 도와줘야 한다. 가령 "내 클럽과 거리는 스스로 챙길테니 게스트만 집중해 달라"고 말하는 식이다. 캐디에게 동반자의 스코어를 정확히 알려주는 것만으로 큰 도움이 될 수 있다.

이를 위해 공을 칠 때마다 직접 클럽을 2~3개씩 챙기면 남은 거리를 잘못 알았을 때 여러 번 왔다 갔다 하는 일을 막을 수 있다. 남은 거리를 확인할 때도 무작정 캐디한테 물어보지 말고 거리목을 확인한 후 대략의 거리를 파악하고 물어보는 센스가 필요하다. 홀 양 사이드에 위치한 거리목은 흰색 말뚝에 빨간줄 한 줄(100m 또는 yd), 두 줄(150), 세 줄(200)로 표시되는 게 보통이다.

또한 자신이 만든 디봇Divot은 떼장이나 모래로 메우고 그린에 생긴 자국은 그린포크로 복구하는 것도 좋은 매너이자 캐디를 돕는 일이다. 퍼트를 먼저 마치면 그린에 놓아둔 깃대를 대신 꽂아주는 것도 캐디에겐 큰 도움이 된다. 호스트가 이렇게 배려한다면 여유와 집중력이 생긴 캐디는 한결 친절하게 다른 게스트를 챙길 수 있을 것이다.

하수 잘 되면 내 탓, 안 되면 캐디 탓.

중수 캐디가 다른 손님에 집중할 수 있도록 부담을 덜어준다.

고수 베테랑 캐디를 미리 섭외하거나 역량이 부족한 캐디라면 적극 도와줘 라운드 분위기를 살린다.

◉ 15번째 골프채

정확한 거리 측정으로 사랑받는 장비들

요즘엔 캐디에 의존하지 않고 거리측정장비를 직접 가져와 남은 거리를 확인하는 주말 골퍼가 많다. 특히, 70~80대 스코어를 치는 상급자일수록 더 선호하는 편이다. 거리측정기는 측정 방식에 따라 크게 레이저 방식과 위성항법장치GPS 방식으로 나뉜다.

망원경 모양의 거리측정기는 레이저를 쏘아 거리를 재는 방식으로 렌즈에 그려진 동그란 원과 원하는 지점을 일치시킨 뒤 버튼을 누르면 코스 높낮이까지 감안해 정확한 거리를 알려준다. 위성항법장치를 활용한 거리측정기보다 정확하다 보니 프로 선수들이 주로 연습경기 때 지참하면서 야디지북을 꼼꼼하게 작성할 때 많이 사용한다. 미국 광학기기업체 부쉬넬 제품이 주로 쓰이는 편이다.

레이저 방식이 거리만 정확히 알려주는 말 그대로 거리측정기의 기능이라면 GPS 방식은 홀 모양과 길이 등 다양한 코스 정보와 스코어 관리를 해주는 부가적인 기능이 탑재됐다. 벙커나 워터해저드 같은 위험지대를 알기 쉽게 시각적으로 보여주기 때문에 효과적인 코스 공략이 가능하다. 작은 삐삐 모양으로 볼마커처럼 모자에 부착해 음성으로 들려주는 장비가 일반적이다.

최근에는 휴대와 패션을 동시에 고려한 손목시계 타입의 GPS 장비도 출시돼 선택의 폭이 넓어졌다. 이밖에도 스마트폰으로 골프 어플리케이션을 다운받아 쓸 수도 있다. 스마트폰의 GPS수신으로 골프GPS의 기능을 할 수 있다. 하지만 골프 전용장비와 비교하면 아무래도 사용의 편리성은 약간 떨어지는 편이다.

이런 장비를 쓸 때도 눈치와 요령이 필요하다. 아무리 기계가 캐디보다 정확하다고 해도 캐디의 의견을 무시하듯이 기계에 의존하면 곤란하고 동반자와 대화 중에 수시로 기계를 작동시켜 분위기를 깨는 일은 피해야 한다.

11홀

멀리건과 컨시드는 과유불급

◉ 클린턴의 멀리건과 오바마의 컨시드

대통령과 골프

지나친 친절은 오히려 실례다. 에티켓의 기본은 어디까지나 상대방이 편안함을 느끼도록 배려하는 데 있다.

정치인이 골프를 즐기는 것에 너그러운 미국도 골프광인 대통령에겐 인색한 편이다. 역대 대통령이 재임기간 중 몇 번의 라운드를 했는지, 실력과 경기 스타일은 어땠는지 일거수일투족을 기록하고 화제로 삼는다. 특히 위급한 상황에서 한가롭게 골프를 치다가 여론의 질타를 받거나 원치 않는 별명이 생기기도 한다. 미국은 1900년 초부터 지금까지 약 100년 동안 18명의 대통령이 탄생됐고, 이 가운데 15명이 골프를 즐겼다. 이 가운데 현역인 버락 오바마(44대)와 OB인 빌 클린턴(42대)이 잦은 골프로 구설수에 올랐다.

오바마 대통령은 2009년 이후 2014년 말까지 200번 이상 라운드를 했다. 연간 30번 이상 필드에 나간 셈인데, 클린턴에 비하면 양반이다. 클린턴 대통령은 8년 재임기간 400차례나 라운드를 즐겼다. 바쁜 국정 운영과 스캔들 속에서도 주말마다 골프를 나간 것이다.

두 사람 모두 민주당 출신으로 골프를 좋아한다는 공통점이 있지만 경기 스타일과 매너는 천양지차라는 게 주변 지인들의 평이다. 명랑골프를 즐기는 클린턴의 핸디캡은 12~20까지 고무줄로 알려지는데 이마저도 믿을 게 못 된다는 게 정설이다. 반면, 원칙대로 깐깐하게 치는 오바마의 핸디캡은 17내외로 변동폭이 적다. 두 사람의 성격과 경기 스타일을 단적으로 보여주는 것이 바로 멀리건과 'OK'로 불리는 컨시드를 줄 때다.

멀리건Mulligan은 미스샷을 했을 때 동반자들이 벌타 없이 다시 치도록 배려하는 것을 말하고 컨시드Concede는 그린에서 상대방이 충분히 1퍼트로 홀인 할 수 있다고 판단될 때, 퍼트 없이 홀아 웃을 인정해주는 것을 말한다. 둘 다 골프 경기에서 상대방을 배려할 때 쓰인다.

설렁설렁 치기를 좋아하는 클린턴은 멀리건을 남발해 '빌리건'이란 달갑지 않은 별명이 따라 붙지만 오바마는 그 반대다. 멀리건은 물론 컨시드도 거의 안 받는다. 양파(더블파)가 되도 끝까지 쳐서 홀아웃하고, 스코어카드에도 빠짐없이 타수를 적는 것으로 알려진다. 주말 골퍼들 사이에서 '오바마'가 "오케이 바라지 말고 마크하라"는 말로 통하는 것과 일맥 상통한다. 누구는 오바마 대신 "파이팅"을 외치거나 "언니야 닦아 드려라"라는 말로 상대방을 약올리기도 한다.

멀리건과 컨시드의 사용 원칙과 요령

오바마보다 빌리건 식으로 주는 게 팀 분위기를 살리는 데 도움이 되지만 무턱대고 컨시드를 남발하면 것도 예의가 아니다. 오바마처럼 깐깐한 사람한테는 오히려 기분이 나쁠 수 있고 직접 홀인을 하고 싶은 사람한테도 그 기쁨을 뺏어 경기 재미를 반감시킬 수 있기 때문이다. 한마디로 게스트를 살펴가며 사용해야 한다. 멀리건과 컨시드는 비즈니스 골프에서 윤활유 역할을 하는 만큼 주고받을 때도 원칙과 요령이 필요하다.

첫째, 멀리건과 컨시드는 남발해선 안 된다. 멀리건은 전체 18홀 중에서 1~2회가 적당하며 컨시드 거리 역시 명확한 기준을 정해야 한다. 통상 주말 골퍼의 컨시드 거리는 퍼터의 그립부를 제외한 샤프트와 헤드 부분 길이 이내로 삼는 것이 일반적이다. 사실 주말 골퍼들이 하는 스트로크 게임에서는 원칙적으로 컨시드를 줄 수 없다. 1대 1 방식의 매치 플레이에서만 컨시드가 인정되는데 한국에선 편의상 컨시드를 허용하는 편이다. 시간을 절약해 경기 진행 속도를 높이고 접대 차원에서 서로의 실력을 존중해준다는 의미 등으로 게임 방식에 관계없이 컨시드를 주는 것이다.

둘째, 본인이 멀리건과 컨시드를 먼저 요구해서도 안 된다. 특히 지위가 높은 사람일수록 자제해야 한다. 비즈니스로 만난 관계에서 상대방에게 먼저 멀리건과 컨시드를 요구하는 행위는 대놓고 봐 달라는 얘기밖에 안 된다. 설령, 농담으로 했다손치더라도 이러한 요구는 상대방뿐만 아니라 멀리건이나 컨시드를 받지 못한 다른 동반자의 입장을 배려하지 못한 행위이다.

셋째, 라운드 분위기나 상대방에 따라 예외규정은 둔다. 가령 동반자가 트리플 보기 이상을 하면 거리에 상관없이 컨시드나 멀리건을 주는 게 좋고 반대로 두 가지를 모두 안 받겠다고 미리 말하는 동반자가 있으면 본인 뜻을 존중해 그렇게 인정해주는 것이 예의다. 때로는 전반에는 컨시드를 후하게 적용하고 후반에는 엄격한 잣대를 들이대기도 한다. 후반으로 갈수록 상금에 대한 사람들의 욕심과 관심이 커지기 때문에 오해의 소지가 없도록 더 정확하게 기준을 삼는 것이다. 그러나 그 이면에는 고수들의 전략도 숨어 있다. 전반에 후하게 컨시드를 받은 사람일수록 퍼트 연습이 덜 돼 후반에 고전할 가능성이 높기 때문이다.

매너와 친절에도 수위가 있듯이 멀리건과 컨시드에도 중용中庸이 필요하다. 지나치거나 모자람이 없이 도리에 맞는 것이 중中이며, 평상적이고 불변적인 것이 용庸이다. 기계적인 중간이 아니라 어떤 상황에서 잘 조화롭게 취할 수 있는 마음가짐이 중용이자 세련된 비즈니스 골프의 비결이다.

하수 상대방의 의사를 감안하지 않고 남발하거나 본인이 먼저 요구한다.

중수 경기의 긴장감과 재미를 높일 수 있도록 원칙을 정해 사용한다.

고수 전반보다 후반 나인홀에 룰을 엄격히 적용하지만 동반자의 심리와 주머니 사정을 정확히 파악해 융통성을 발휘한다.

● 멀리건과 잠정구의 차이

한 끗 차이로 점수가 갈린다

"다시 하나 치세요"와 "다시 하나 칠게요"의 차이는 무엇일까. 전자는 동반자가 멀리건을 준 것이고 후자는 내가 잠정구 Provisional ball를 치겠다고 의사를 밝힌 것이다. 공을 OB지역으로 날리고 멀리건을 못 받으면 잠정구를 칠 수 있다. 잠정구란 경기 자가 친 공이 워터 해저드 밖에서 분실되었거나 OB가 된 것으로 판단되는 경우 경기자가 잠정적으로 다른 공을 다시 치는 것을 말한다. 잠정구를 치지 않고 가서 보자고 했는데 막상 공이 없으면 다시 제자리로 돌아와 1벌타를 받고 다시 쳐야 한다. 만약 공을 잃어버린 장소에서 드롭해 치면 2벌타를 받게 된다. 따라서 OB가 된 것 같으면 멀리건 없이 잠정구를 치는 게 기본이다.

잠정구를 칠 때는 동반자에게 의사를 확실히 표시해야 한다. 그러지 않고 그냥 치면 처음 원구를 포기하는 것으로 간주해 잠정구로 3타를 친 것이 되고 나중에 혹시 원구를 찾더라도 다시 바꿀 수 없다. 즉, 멀리건을 받으면 벌타 없이 다시 치기 때문에 1타째가 되고 잠정구는 처음에 친 원구가 1타, 벌타 1타, 그리고 다시 쳤기 때문에 3타째가 된다. 무려 2타 차이가 난다.

잠정구를 친 후 분실이 의심되는 장소로 가서 5분 동안 원구를 찾지 못하면 잠정구로 그대로 플레이하면 된다. 문제는 해당 장소에 원구가 나타났을 때다. 원구를 5분 이내에 바로 찾으면 벌타 없이 그냥 치면 되지만 원구를 뒤늦게 발견하면 두 공의 위치를 따져봐야 한다. 원구 위치가 잠정구보다 앞에 있는 상태(원구가 홀컵에 더 가까운)에서 잠정구를 쳤다면 다시 원구로 플레이가 가능하지만 반대로 잠정구가 원구보다 이미 앞서 있는 상태에서는 잠정구를 쳤다면 원구를 발견해도 다시 칠 수 없다.

만약, 파3홀에서 그린을 넘어 OB가 된 것 같아 잠정구를 쳤는데 홀인원을 했다면 어떻게 될까? 잠정구로 3타째 홀인원한 것이므로 파로 인정되지만 홀컵에서 공을 꺼내지 않고 5분 안에 원구를 찾는다면 다시 이 공으로 플레이를 할 수 있다.

12홀

매너는 갖추고,
욕심은 내려놓자

◉ 매너없는 여자, 터치하는 남자

매너는 기본 중의 기본

실력이 부족해도 비즈니스 골프에 나설 수 있지만 눈치나 매너마저 없으면 주변 사람들에게 좋은 인상을 남기기 어렵다.

▶ 폼은 좋은데 스코어가 나쁘면 '유명무실'이라고 했다. 폼이 나빠도 스코어가 좋으면 '천만다행'이지만 폼과 스코어가 모두 나쁘면 '설상

가상'이라 부를 만하다. 한술 더 떠서 매너까지 나쁘면? '대략 난감'이
다. 얼마 전 자서전을 출간한 한 여성 CEO를 모시고 골프를 친 A출판
사 김 실장은 이런 상황을 겪었다.

여성 CEO인 이 사장은 90대 중반(핸디캡 22)의 실력과 200야드 안팎
의 수준급 장타력을 갖췄다. 김 실장은 동반자로 90대 중반을 치는 부
하직원을 데려왔고 이 사장도 싱글을 친다는 최 상무를 데려왔다. 화사
한 옷을 입고 장타를 날리는 이 사장의 모습은 단연 눈길을 끌었다. 난
감한 상황이 벌어진 건 전반 마지막 핸디캡 2번 홀에서였다. 400야드
파4롱홀이며 티 앞에 연못이 있었다. 연못을 넘겨도 그린 좌측에 2개
의 벙커가 있어 싱글 플레이어도 파로 막기 힘든 홀이었다.

이 사장과 김 실장은 3번째 온그린 찬스에서 나란히 그린 벙커에 빠
졌다. 이 사장의 공이 더 뒤쪽에 있어 먼저 벙커 탈출을 시도했다. 회
심의 벙커샷을 날렸지만 공은 안타깝게도 경사면을 맞고 다시 제자리
로 돌아왔다. 재차 시도했지만 애꿎은 모래만 허공을 갈랐다. 이 사장
은 결국 3번 만에 벙커에서 탈출할 수 있었다. 그 다음은 김 실장 차례.
그런데 벙커샷을 하려고 보니 공이 모래를 뒤집어쓰고 있었다. 앞서 이
사장이 벙커샷을 하면서 퍼낸 모래가 고스란히 김 실장의 공을 덮은 것
이다. 김 실장이 이 사장으로부터 사과를 받아야 할 입장이었지만 이
사장이 벙커샷으로 기분이 상한 것 같아 양해를 구하고 무벌타로 공의
모래를 제거했다. 이후 김 실장은 한 번에 벙커샷을 탈출해 나왔다. 그
러자 이 사장이 "김 실장님이니까 특별히 봐준 겁니다"라며 고무래(모래
를 다듬는 도구)를 건네주는 게 아닌가. 순간 김 실장은 당황했지만 이 사

장이 룰을 잘 모르고 본인이 나중에 쳤기 때문에 그런 줄 알고 고무래를 받고 이 사장이 남긴 발자국까지 치웠다.

하지만 후반 라운드에서도 이 사장의 모습은 달라지지 않았다. 또 공이 벙커에 빠졌지만 뒷정리를 하지 않고 그냥 가는 게 아닌가. 경기가 끝난 후 김 실장은 룰도 모르고 매너도 없는 이 사장과는 더 이상 골프를 치지 않겠다고 마음먹었다.

이처럼 벙커에서도 무개념 무매너 행동이 많이 벌어진다. 앞선 사례처럼 다른 사람의 벙커샷에 의해 골프공이 모래를 뒤집어쓴 경우 동반자에게 말한 다음 모래를 치우고 무벌타로 벙커샷을 할 수 있다.

또한 2개의 공이 벙커에 같이 있어 구분이 어려운 경우 공을 집어 확인할 수 있다. 개정된 룰에 따르면 과거에는 2벌타가 주어졌지만 동반자에게 미리 양해를 구하면 무벌타로 벙커샷이 가능하다. 다만, 샷을 하기 전에 모래의 질을 테스트하기 위한 행동에 대해서는 2벌타가 주어진다. 클럽뿐 아니라 고무래도 적용된다. 즉, 벙커샷 전에 고무래를 끄는 행위도 모래의 질감을 파악하기 위한 위반 행동으로 보기 때문에 벌타가 주어지는 것이다. 우연히 같은 벙커에 공이 빠졌을 때도, 호스트가 동반자를 배려해 자발적으로 고무래로 뒷정리해주면 좋은 인상을 줄 수 있지만 과도한 친절은 때론 상대방을 불편하게 할 수도 있으니 주의해야 한다.

무엇보다 벙커에서 가장 기분 나쁠 때는 남 발자국에 내 공이 들어갔을 때다. 움푹 파인 곳에 들어간 공을 치기도 어렵거니와 벙커 발자국을 지우지 않고 간 골퍼들의 무례에 화가 나기 때문이다. 벙커샷을 한 후 생긴 발자국은 본인이 지우는 게 기본 매너다. 모래를 고를 때도 경기 진행방향으로 쓸어주고 고무래를 다 쓴 다음 놓을 때도 벙커 가장자리에 맞춰 평행으로 놓는 것이 에티켓이다. 싱글 골퍼도 이를 잘 모르고 고무래를 아무렇게나 툭 던져 놓고 올 때가 많다.

함부로 공을 만지지 마라

▶ 대기업 기획실장인 김 전무는 핸디캡 5의 싱글 골퍼다. 3년 전 사내 골프대회에서 우승을 차지했을 만큼 기본 실력을 갖췄다. 하지만 김 전무와 게임을 해 본 사람은 그의 실력을 좀처럼 인정하지 않는다. 김 전무는 툭하면 경기 중에 공을 건드리는 핸드볼(일명 '터치볼') 선수이기 때문이다.

지난주 토요일 계열사 사장단 초청 게임에서도 김 전무의 핸드볼 습관은 또 도졌다. 2번 홀에서 공이 페어웨이 가장자리에 들어가자 손으로 슬쩍 공을 빼 페어웨이 안쪽으로 옮겼다. 동반자들도 뻔히 봤지만 짐짓 모른 척했다. 7번 홀에선 공이 페어웨이 한가운데 잘 떨어졌지만 라이가 맘에 안 들었는지 살짝 꺼내 옆으로 놓았다. 동반자들의 표정엔 난감한 기색이 역력했다. 동반자인 A계열사 이 사장이 "바람이 제법 부네"라고 눈치를 줬지만 김 전무는 이를 알아채지 못하고 터치볼 행진을 이어갔다.

후반 라운드로 갈수록 증상은 더 심각해졌다. 공이 디봇에 빠지자 김 전무는 아예 발로 툭 쳐서 공을 밖으로 빼냈고 그린에서도 공을 들면서 원래 자리보다 한 뼘 앞에 마크를 했다. 이쯤 되자 동반자들은 아예 김 전무를 무시하고 공을 치기 시작했다. 경기가 다 끝나고 김 전무가 자리를 비운 사이 참다못한 이 사장이 다른 동반자에게 "고향 후배인 최 아무개는 자꾸 터치볼을 해서 정말 기분이 나빠. 애초부터 습관이 잘못됐어"라고 말했다. 누가 보더라도 김 전무를 두고 하는 말이었다.

김 전무처럼 게임 중 습관적으로 공을 만지는 사람이 의외로 많다. 페어웨이에서 보다 좋은 자리에 공을 놓기 위해 그러는 경우도 있고, 내 공인지 확인하기 위해 만지는 경우도 있다. 하지만 게임 중 그린에서 마크하는 경우를 제외하고 어떤 경우라도 공을 만져서는 안 된다. 초보 때나 동반자들이 먼저 빼놓고 치라고 배려해주면 그럴 수 있지만 김 전무처럼 구력이 오래된 싱글 골퍼가 습관적으로 터치볼을 하는 경우 동반자들에게 큰 불쾌감을 준다. 인위적으로 공의 라이, 위치 등을 개선하는 경우 무조건 2벌타가 부과된다.

핸디캡 13의 한 대기업 임원은 "습관적으로 터치볼을 하는 사람은 인격적으로 문제가 있다고 본다. 비즈니스 골프라 직접 말은 못하지만 속으로 '넌 2벌타야'라고 생각한다. 터치볼을 해서 얼마나 스코어에 도움이 될지 모르겠지만 결국 본인의 평판을 깎아 먹는 행위기 때문에 득보다 실이 크다"고 말했다.

터치볼 오해를 살 만한 일도 있다. 페어웨이에서 공 옆의 낙엽을 치우다가 공이 움직이는 경우가 대표적이다. 고정돼 있지 않은 돌, 나뭇잎과 나뭇가지, 동물의 배설물 등 자연물은 루스 임페디먼트Loose impediment(플레이 할 때 제거해도 되는 자연 장해물)가 적용돼 치울 수 있다. 하지만 루스 임페디먼트를 치우다가 공이 움직이면 1벌타를 먹게 된다.

물론 예외적으로 손으로 공을 빼야 될 경우도 있다. 여름철 수리지Ground under repair 안에 공이 빠졌을 경우 무벌타로 공을 꺼내 칠 수 있다. 디봇에 빠졌을 때도 동반자들끼리 미리 룰을 정하고 무벌타로 빼내서 치는 것도 주말 골퍼 사이에선 허용된다.

퍼트할 때마다 매번 다른 브랜드의 공으로 바꾸는 골퍼도 있다. 그린에 오르기 직전까지의 공과 퍼트할 때의 공 종류가 다르다는 얘기다. 이 또한 명백한 규칙 위반으로 2벌타다. 한 홀에서는 동일한 공으로 홀아웃을 해야 하는 것이 원칙이다. 터치볼이 아니어도 손바닥으로 그린 잔디를 고의적으로 문지르거나 긁는 것 또한 2벌타가 부과된다.

만약 플레이 도중 그 공을 쓸 수 없다고 생각하면 동반자에게 양해를 구하고 바꿀 수 있다. 이때도 공이 깨졌거나 찢어지는 등 변형됐을 때만 교체가 가능하다. 단순히 로고가 벗겨졌거나 색깔이 변한 것으로 공을 바꿀 수 없다. 보기 드문 일이지만 스윙 후 공이 깨졌다면 어떻게 될까. 원위치로 돌아와 무벌타로 공을 바꿔 다시 플레이하면 된다.

> **하수** 습관적으로 공을 만지거나 임의로 라이를 개선한다.
>
> **중수** 동반자에게 미리 양해를 구하고 공을 좋은 자리로 옮긴다.
>
> **고수** 상대방의 배려가 있으면 공을 옮기고 얘기가 없으면 원칙대로 공을 친다.

◉ 골프에서 나타나는 손실회피 성향

손해 보기 싫은 마음은 골프에서도 마찬가지

'버디 친구 보기'라는 말이 있다. 버디 욕심 내다가 쉽게 보기를 하게 된다는 말로 잘 될 때일수록 조심해야 한다는 의미다. 한 홀에서 이렇게 아쉬운 플레이가 나오면 뒤이은 샷에 영향을 끼친다. 등 뒤에 실수는 빨리 잊는 게 상책이지만 그게 뜻대로 안 되면 불행히도 그날 라운드 전체를 망치게 하는 방아쇠가 된다. 이런 기제를 행동경제학의 '손실회피 성향Loss Aversion' 이론으로 설명이 가능하다. 행동경제학은 인간의 실제 심리와 행동에 대한 연구성과를 기반으로 경제를 이해하는 학문이다.

이 연구로 노벨 경제학상을 받은 대니얼 카너먼과 아모스 트버스키Kahneman & Tversky는 실험을 통해 '50달러의 손실로 인한 고통이 50달러 이익으로 얻는 기쁨보다 두 배 이상 크다'는 것을 밝혀냈다. 이 실험에 따르면, 사람은 손해를 싫어할 뿐만 아니라 어떤 이익을 얻었을 때도 기쁨보다 손실을 입었을 때의 상실감을 더 크게 느낀다. 골프에서도 이런 비이성적 행태가 발견된다. 앞서 예를 든 '버디 친구 보기'와 같은 상황일 때다.

버디 찬스를 앞둔 골퍼가 만약 실패하면 손해라는 심리가 강해져 더 과감하게 플레이하는 '위험 선호적' 행동을 보이는 것이다. 이는 비단 버디에 그치지 않는다. 골프 실력에 따라 파나 보기 상황에서도 얼마든지 같은 심리적 행동을 보일 수 있다. 프로 선수가 버디를 놓친 것을 손해라고 인식하듯이 싱글 플레이어는 파 찬스에서 공격적인 플레이를 펼치고 이후 실패하면 더 큰 좌절을 느낄 수 있다.

그러나 어디까지나 상대적이다. 반대로 보기 플레이어나 백돌이는 같은 상황에서 보기를 해도 괜찮다고 생각한다면 안전하게 홀에 공을 붙이는 퍼트를 할 것이고 운이 좋으면 파까지도 기대할 수 있다.

결국 좋은 스코어를 가져가기 위해선 버디나 파에 욕심낼 것이 아니라 이익과 손실을 구분하는 기준점을 유연하게 가지는 마음자세가 필요하다. 아마추어가 쉽게 해볼 수 있는 방법은 파를 버디라고 생각하는 것이다. 흔히 아깝게 버디를 놓치고 파를 했을 때 '파버디'라고 하는데, 이때 느끼는 감정을 버디에 대한 아쉬움보다는 버디나 다름 없는 파를 했다는 자신감으로 바꾸는 게 필요하다. 파가 버디라고 생각하면 보기는 파가 되고 이런 생각으로 라운드를 하면 한결 마음이 편해져 장기적으로 좋은 스코어를 유지할 수 있는 심리적 방어선을 구축하게 된다.

결국 욕심을 버리자는 말로 귀결이 되는데, 욕심을 버릴 때도 알고 버리는 것과 무작정 괜찮다고 생각하는 것은 천양지차다. 자신의 심리 상태를 알고 도전했다가 실패하면 미련이 덜 남고 다음 홀에 집중할 수 있지만 상황이 터진 후 괜찮다고 생각하면 이후 어느 홀에서 불쑥 그 실패가 머릿속에서 떠올라 멘털을 흔들리게 할 수 있다.

멘털과 관련해 잭 니클라우스의 일화를 참고할 만하다. 과거 그가 강연에서 스리 퍼트 하지 않는 법을 설명하고 있을 때였다. 한 관객이 일어나서 "당신이 마지막 홀에서 스리 퍼트 하는 것을 봤고 실제로 이를 녹화한 장면도 있다"고 반박했다. 그러자 잭은 "당신이 무엇을 녹화했든 난 결코 스리 퍼트를 하지 않았다"고 응수했다. 장내는 두 사람의 언쟁으로 시끄러워졌고 진정된 후 그 관객은 잭이 너무 고집불통이라고 투덜거렸다. 잭이 자존심 때문에 그렇게 대답했을 거라고 오해할 만하지만 실제 그의 머릿속에 남은 스리 퍼트에 대한 기억은 없을 것이다. 세계적인 선수는 문제점에 골몰하기보다 해결에 더 집중을 하기 때문에 나쁜 것은 잊어버리고 좋은 것만 기억한다.

명칭		파5홀	파4홀	파3홀
홀인원(hole in one)	—	1타	1타	1타
알바트로스(albatross)	-3	2타	1타	—
이글(eagle)	-2	3타	2타	1타
버디(birdie)	-1	4타	3타	2타
파(par)	0	5타	4타	3타
보기(bogey)	1	6타	5타	4타
더블 보기(double bogey)	2	7타	6타	5타
트리플 보기(triple bogey)	3	8타	7타	—
쿼드루플 보기(quadruple bogey)	4	9타	—	—
더블파(double par)	—	10타	8타	6타

| 〈표2-6〉 타수별 명칭

파4홀의 홀인원은 -3타라 알바트로스라고도 하며, 파3홀의 홀인원은 -2타라 이글이기도 하다.

3부

싱글 플레이어가 되는
원포인트레슨

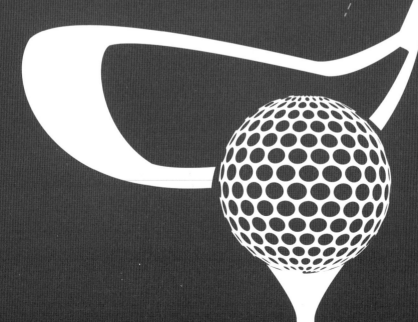

골프는 타수로 시작해 타수로 끝난다.
타수를 줄이기 위해선 꾸준한 연습과 여기에 걸맞은 코스 공략법이 필요하다.
그런데 티칭 프로가 줄곧 추상적이고 모호한 설명만 한다면?
선문답 같은 가르침에 초보자는 잘못된 선입관이나 습관을 갖기 쉽다.
모호한 설명의 결론은 바로 '골프는 힘 빼기 3년'이라는 것이다.

13홀

싱글로 가는
몇 가지 지름길

⊕ 3번 이상 파온 찬스를 만들자

스코어를 줄이는 지름길

주말 골퍼들은 드라이버, 아이언, 퍼트 3개가 한 번에 잘 되는 날이 거의 드물다. 드라이버가 잘 맞는 날은 아이언이 안 되고 아이언이 잘 되는 날은 또 퍼트가 말썽이다. 백돌이가 100타대를 벗어나려면 드라이버 실수를 줄여야 하고, 90타를 깨기 위해선 아이언을, 마찬가지로 80타를 깨려면 퍼트가 잘 돼야 된다고 말한다. 골프를 보는 눈과 실력이 다르기 때문에 각 타수대별로 실수가 잦은 부분을 줄이고 보완해야 고수가 될 수 있다는 말이다.

과연 스코어를 줄이는 지름길은 무엇일까. 결론부터 얘기하면 중계中繼 플레이가 잘 돼야 한다. 티샷에서 친 공을 그린에 잘 안착시키는 연계 과정에서 실수가 적어야 한다는 얘기다. 골프 전문 용어로 표현하면 GIR Greens In Regulation(그린 적중 홀수)를 높여야 싱글이 될 수 있다. GIR은 다른 말로 파온(그린에서 버디 퍼트를 남겨둔 상황) 횟수를 뜻하는 것으로 파4홀에서 2온, 파5홀에선 3온, 파3에선 한 번에 그린에 오르는 능력을 말한다.

세컨드나 서드샷에서 아이언과 우드로 정확히 그린에 공을 올려야 버디 찬스가 생기고 스코어도 개선된다. 너무도 당연한 얘기같아 맥이 탁 풀릴 수 있지만 통계적으로 보기 플레이어와 싱글의 실력 차이가 드러나는 부분이 바로 이 수치였다. 물론 티샷에서 OB를 내거나 그린에서 3퍼트를 한다면 파온 횟수가 높아도 소용없겠지만, 스코어를 줄이는 데 있어 "파온 횟수만큼 결정적인 요소가 없다"는 게 미국의 골프분석가 루 리치오 박사의 설명이다.

100명 이상의 골퍼를 두고 실험한 그의 통계는 〈표3-1〉과 같다. 보기 플레이어 수준인 89타(핸디캡 17), 91타(핸디캡 19)의 경우 파온 횟수가 각각 3번, 2번이었고 이를 벗어나 95타(핸디캡 23) 이상 치는 골퍼는 단 한 번도 파온을 시키지 못했다. 사실 91타 정도면 파온을 2번 이상할 가능성이 높지만 루치오 박사는 상당히 보수적으로 계산했다. 오히려 이렇게 보는 것이 스코어 향상에 도움이 될 수 있다.

핸디캡 한 자릿수의 싱글의 파온 횟수는 어떨까. 81타, 79타의 경우, 각각 7번, 8번의 파온을 기록했다. 보기와 싱글 플레이어의 파온 횟수와 비교하면 2~3배 차이가 나는 것이다. 따라서 18홀 가운데 3번 이상 파온을 시켜야 백돌이에서 벗어나고 7번 이상 시켜야 싱글에 들어간다는 게 통계적으로 입증됐다. 아울러 리치오 박사는 '95.1−2×GIR'로 자신의 평균 스코어를 낼 수 있는 리치오 규칙도 만들었다. 가령 파온 2번하면 91타, 3번하면 89타로 평균 스코어를 볼 수 있다는 것이다. 〈표3-1〉를 보면 GIR 외에도 파와 버디 수, 피치/칩/샌드 수가 나오고 이 지수 맨 오른쪽에 강함이라는 관계 표시가 있다. 이 말은 이 지표와 평균 스코어와 관계가 강하다는 뜻이다. 싱글 진입을 코앞에 둔 81타도 파는 8개나 잡지만 버디는 1~2개 사이인 1.5에 그치는 것을 볼 수 있다. 잘 치는 보기 플레이어도 버디 하나 잡는 것도 결코 쉬운 일이 아닌 것이다. 피치/칩/샌드 지수도 흥미롭다. 잘 치는 사람일수록 그 숫자가 크게 줄어드는 것을 볼 수 있다. 고수는 아이언이나 우드로 바로 그린에 올리는 파온이 더 많기 때문이다.

파온 횟수가 어느 정도 경지에 오르고 나면 따지는 것이 페어웨이 안착률과 퍼트 수다. 두 수치와 평균 스코어와의 상관관계는 약하지만 잘 치는 사람일수록 이 부분에 신경을 써야 한다. 티샷의 정확도를 나타내는 페어웨이 안착률은 스코어에 직접적으로 영향을 미치는 요소는 아니지만 고수일수록 페어웨이에 공을 잘 떨구고 또 멀리 날려 짧은 클럽으로 어프로치샷을 한다. 같이 파온이라고 해도 페어웨이 안착률이 높을수록 홀에 더 가깝고 정확하게 공을 붙일 수 있기 때문에 퍼트 수도 자연히 줄게 된다. 파온이 보기와 싱글을 구분 짓는 양적 커트라인이라면 페어웨이 안착률과 퍼트 수는 싱글의 수준을 결정짓는 질적 지표라고 할 수 있다.

89타 보기 플레이어의 퍼트 수는 35회, 79타는 32로 3타 차이가 났다. 35라면 홀당 약 2퍼트를 했다는 얘기고, 32회면 최소 4개 홀에서 1퍼트로 끝냈다는 뜻이다. 결국 평균적으로 파온을 8개 이상하고 퍼트 수가 32개보다 적으면 80타를 깨는 완벽한 싱글이라 할 수 있다.

무엇보다 파온 횟수에 신경을 쓰면 자연스럽게 코스 공략 전략을 세우게 된다. 코스 공략의 첫 단추는 스코어카드를 유심히 보는 데서 출발한다. 18홀 라운드에서 대개 파3홀은 4개, 파5홀은 4개, 그리고 나머지 10개의 파4홀이 있으며 각 홀마다 핸디캡이 표시돼 있다. 숫자가 작을수록 공략이 어렵고 클수록 쉬운 홀이다. 핸디캡이 1인 홀에서 파Par하는 것과 핸디캡 18인 홀에서 파하는 것은 전혀 다르다. 따라서 파온 횟수를 높일 수 있는 방법은 핸디캡 16~18홀에서 꼭 파를 하는 것이다. 그러면 타수와의 관계를 고려할 때 90대를 깰 가능성이 높은 것이다. 만약 전후반 각각 파를 2개씩이나 잡았는데 90타를 넘겼다면 당신은 더블 보기나 트리플 보기가 많아 기복있는 플레이를 했음을 뜻한다. 정상적이었다면 스코어는 80타 중후반이 돼야 한다.

구분	평균 스코어									관계
	71타	75타	79타	81타	85타	89타	91타	95타	99타	
그린적중홀수(GIR)	12	10	8	7	5	3	2	0	0	강함
파수	11.8	10.3	8.8	8.1	6.6	5.1	4.3	2.8	1.3	강함
버디수	3.2	2.4	1.8	1.5	0.8	0.1	0	0	0	강함
피치/칩/샌드 횟수	5.1	7.4	9.8	10.9	13.3	15.6	16.8	19.2	21.5	강함
미스샷 개수	2.8	5.6	8.5	10	12.8	15.6	17	20	22.8	중간
퍼트 수	29	30.3	31.7	32.3	33.7	35	35.7	37	38.3	약함
페어웨이 안착(%)	81	71	61	56	46	36	31	21	11	약함

| 〈표3-1〉 평균 스코어에 영향을 미치는 요인들
　타수와의 관계가 강할수록 통계수치가 골퍼의 평균 스코어를 예측할 수 있는 지표가 된다는 뜻이다.
　출처: Dr. L.J.Riccio (Statistical Analysis of Avearge Golfers) in1990.

● 힘을 빼지 않으면 아무것도 할 수 없다

골프에서 힘 빼는 법

힘 빼는 데 3년이 걸린다고 하지만 정작 어디에 힘을 빼야 할지 모르는 골퍼가 많다. 힘을 빼고 스윙해야 멀리 나간다고 하지만 상식적으로 힘을 주지 않고 어떻게 공을 멀리 보내는지 이해되지 않는 것이다. 물론 가끔이지만 초보들도 힘을 뺀 상태에서 가볍게 툭 쳐서 평소보다 공을 더 멀리 보내는 기이한(?) 경험을 한다. '이래서 힘을 빼라고 하나보다' 싶지만 문제는 그때뿐, 자고 나면 또 힘이 들어가는 게 백돌이의 비애다.

우선 힘을 뺀다는 것은 바꿔서 몸이 경직되지 않는 부드러운 상태를 의미한다. 몸이 경직되지 않기 위해선 관절 부분을 풀어줘야 하며 스윙과 관계된 관절 부분은 손목과 팔꿈치, 어깨 이렇게 세 부분이다. 클럽을 준 손과 하박forearm을 이어주는 손목, 하박과 상박upper arm이 연결된 팔꿈치, 팔과 몸통을 연결시켜주는 어깨 세 부분이 마치 하나로 연결된 채찍처럼 둥근 원반 형태의 스윙 플레인Swing Plane 을 만들어주는 게 힘을 빼고 치는 상태다. 즉, 관절이 접혔다가 풀어지는 과정에서 생기는 원심력을 이용해 더 빠른 스피드를 낼 수 있다.

관절에 힘이 들어가면 채찍이 아닌 막대기 같은 효과가 나 스피드가 떨어지기 쉽다. 그렇다고 무조건 힘을 빼면 오히려 스피드가 더 줄어들 수 있기 때문에 적당한 긴장감을 유지해야 임팩트Impact 시 공을 힘 있게 때릴 수 있다. 이는 어릴 때 물수건으로 친구들을 아프게 때리던 방법을 떠올리면 좀 더 쉽게 이해할 수 있다. 수건 끝의 물을 털어내듯이 빠르게 왕복 운동을 시킬 때 '딱!' 하는 소리와 함께 가장 큰 충격을 줄 수 있다. 이때 손목과 관절이 접혔다가 펴지면서 수건에 강한 힘을 전달한다.

몸을 부드럽게 해주는 건 어디까지는 상체 얘기일 뿐, 하체는 단단히 고정해야 한다. 힘이 잔뜩 들어가는 골퍼들을 보면 열에 아홉은 하체가 흔들린다. 하체가 흔들리면 클럽을 많이 컨트롤해야 하기 때문에 손에 힘이 더 들어가게 마련이다. 따라서 하체를 단단하게 고정하고 상체의 관절의 힘을 빼면 정확한 임팩트로 장타를 만들어낼 수 있다.

이 동작을 '백스윙-다운 스윙Down swing-임팩트-폴로 스루Follow through(릴리스)' 등 네 가지로 구분해 설명하면 힘을 빼야 하는 구간은 백스윙, 다운 스윙, 폴로 스루며 거꾸로 힘을 줘야 할 때는 다운 스윙이 끝나고 임팩트하기 직전이다.

여기에 하나 더 신경 쓸 것이 그립이다. 그립은 꽉 쥐면 안 된다는 건 초보 때부터 익히 배워온 사실이고 그 강도는 다양한 비유법으로 설명된다. 클럽이 손에서 빠져나갈 정도의 힘을 1이라고 하고 최대한 꽉 잡을 때 힘을 10이라고 했을 때 그립 강도는 4 이하가 적당하다.

◉ 골프 치는 손은 왼손일까, 오른손일까?

큰 차이를 만드는 손의 위치

힘을 빼서 부드러운 스윙을 만드는 문제는 어느 손에 힘을 줘서 골프를 쳐야 하는지와 연결된다. 골프는 양손에 힘을 주고 하는 운동이지만 골퍼마다 왼손과 오른손의 활용을 두고 의견이 분분하다.

다음은 프로와 아마추어의 대화다.

프로: "당신은 왼손잡이입니까, 오른손잡이입니까?"
아마추어: "오른손잡이입니다"
프로: "그럼 망치질은 어느 손으로 합니까?"

아마추어: "오른손으로 합니다"

프로: "그럼 골프는 왼손으로 해야 합니까? 아니면 오른손으로 해야 합니까?"

아마추어: "…."

이번엔 또 다른 대화다.

프로: "백스윙할 때 왼쪽 어깨를 먼저 움직이나요? 오른쪽 어깨를 움직이나요?"

아마추어: "왼쪽이요."

프로: "코킹 시 왼손을 꺾나요 오른손을 꺾나요?"

아마추어: "왼손이요."

프로: "다운 스윙 때는 어느 손이 리드하나요?"

아마추어: "왼손이요."

프로: "그런데도 오른손이 중요한가요?"

아마추어: "…."

위의 두 대화를 읽고 뭐가 잘못됐는지, 왼손과 오른손 논쟁의 핵심이 무엇인지 안다면 당신은 이미 백돌이를 벗어난 골퍼일 것이다. 결론은 왼손과 왼팔, 왼 어깨(이하 왼손)은 스윙을 리드하고, 오른손은 힘을 만들어낸다는 것이다.

골프 스윙에서 왼손과 오른손의 역할은 분명히 구분되는데 한쪽을 강조하면 위 대화처럼 맞는 말이더라도 초보자들에게 잘못된 선입관을 주기 쉽다. 다시 강조하면 왼손은 백스윙과 다운 스윙을 리드하고, 오른손은 임팩트 순간 힘을 써야 제대로 양손을 활용하게 된다.

만약 백스윙 때 오른손이 개입하면 몸통 회전보다 팔로 클럽을 당기게 되고 오른 팔꿈치를 옆구리 쪽으로 붙이는 실수를 저지른다. 이로 인해 스윙 아크가 작아지고 클럽이 낮게 백스윙되는 오류를 범하게 된다. 왼팔은 스윙의 크기arc에 영향을 미친다. 따라서 백스윙부터 다운 스윙까지 왼손 위주로 스윙을 하면 몸의 간격을 일정하게 유지할 수 있고 아크를 키워 비거리를 늘릴 수 있게 된다. 오른손의 힘은 다운 스윙에서 공을 때리는 임팩트로 넘어갈 때 줘야 한다. 프로 선수나 고수들이 "공에 클럽을 던져라" 혹은 "다운 스윙 때 클럽을 떨어뜨려라"라고 말할 때가 바로 이 순간이다. 이때도 몸통 스윙(상체와 하체의 꼬임을 이용하는 스윙)을 하는 골퍼들은 임팩트에서 마치 오른손 바닥이 잔디쪽 밑 방향을 보는 느낌으로 하고, 팔 스윙(손목의 코킹이나 팔꿈치를 굽혔다 펴는 힘으로 하는 스윙)은 오른팔을 좀 더 끌고 내려온 다음 오른손으로 공을 던지는 느낌으로 하는 것이 요령이다.

임팩트 순간에도 왼손이 왼쪽 허벅지에 도달하기 전에 오른손이 움직이면 훅이 나고, 반대로 왼손이 왼쪽 허벅지에 도달하고 나서 늦게 오른손이 움직이면 슬라이스가 나기 쉽다. 더도 덜도 말고 그 중간에서 오른손에 힘을 줄 때 완벽한 임팩트가 나올 수 있다. 물론 공을 맞출 때 해당되는 얘기다.

◉ 그립만 잘 잡아도 슬라이스를 방지한다

그립은 꾸준히 익혀야 한다

▶ 악성 슬라이스가 심했던 백돌이 A씨. 스트롱 그립으로 바꾸면 이를 고칠 수 있다는 티칭 프로의 조언을 듣고 바꿔 연습한 결과 거짓말처럼 악성 슬라이스가 사라지고 비거리도 크게 늘었다. 그 기쁨도 잠시, 동창들과 나간 라운드에서 전반까지 쭉쭉 뻗던 드라이버가 후반 들어 갑자기 악성 훅으로 바뀌면서 스코어가 곤두박질쳤다.

골프는 그립에서 시작해 그립으로 끝난다는 말이 있지만 백돌이에겐 그저 한 번 배우면 끝인 것으로 여긴다. 그러나 슬라이스나 훅으로 고생해본 골퍼는 그립의 중요성을 누구보다 잘 안다.

타이거 우즈나 양용은 같은 정상급 선수들도 그립을 바꿔가며 우승을 차지하기도 했다. 이 두 가지 사실은 무엇을 의미할까. 그립은 한 번 배우면 끝이 아니라 지속적으로 신경 쓰고 체크해야 한다는 뜻이다. 뛰어난 실력을 가진 골퍼들이 그립을 강조하는 건 구질과 비거리가 결국 그립에 달렸기 때문이다.

골프와 유사한 야구나 테니스도 그립의 중요성을 강조하지만 골프 정도까지는 아니다. 움직이는 공을 때리는 운동과 달리 골프는 정지된 공을 친다. 따라서 처음에 잡은 그립이 임팩트, 팔로우 순간까지 영향을 미쳐 구질과 비거리를 좌우한다.

보통 책에서 소개하는 그립법은 아홉 가지나 된다. 어드레스 자세에서 클럽을 쥐었을 때 손가락 모양 세 가지와 손등 모양 세 가지가 각각 조합된 숫자이다. 베이스볼Baseball grip 또는 10 finger grip, 오버래핑Overlapping grip, 인터로킹Interlocking grip이 몸 안쪽의 손가락을 쥐는 방식에 따른 세 가지 그립이다. 스트롱Strong grip, 뉴트럴Neutral grip(스퀘어), 위크 그립Weak grip은 몸 바깥쪽인 손등 모양에 따른 세 가지 구분법이다. 복잡하지만 실제로 많이 쓰이는 그립은 오버래핑과 인터로킹 두 가지와 스트롱, 뉴트럴 두 가지를 조합한 총 네 가지 그립이다(그림3-1, 3-2 참조).

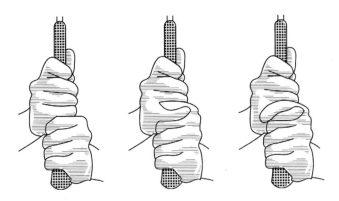

| 〈그림3-1〉 손가락에 따른 그립법
왼쪽부터 차례대로 베이스볼, 오버래핑, 인터로킹 그립.

출처: Focus Golf Group 'The Grip'(focusgolfgroup.com/the-grip/)

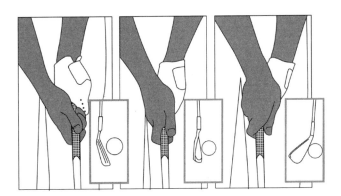

| 〈그림3-2〉 손등에 따른 그립법
왼쪽부터 차례대로 스트롱 그립, 뉴트럴 그립, 위크 그립 순. 그립에 따른 클럽 페이스의 모양을 보면
스트롱 그립은 공에 닫혀 있어(스트롱 로프트 상태) 훅 그립으로, 위크 그립은 공에 클럽이 열려 있어
슬라이스 그립으로 달리 불린다.

출처: The Grateful Golfer 'GOLF GRIP - STRONG, WEAK OR NEUTRAL'(thegratefulgolfer.com/2015/01/25/
golf-grip-strong-weak-or-neutral/)

그립법이 이처럼 다양한 것은 사람마다 신체조건과 힘의 차이

가 나기 때문이다. 보통 손이 작고 악력이 약한 사람이나 여성의 경우 인터로킹, 뉴트럴을, 손이 크고 악력이 강한 사람은 오버래 핑, 스트롱 그립을 많이 쓰지만 이 또한 개인마다 천차만별이다. 처음에 쓰던 그립도 스윙 폼이 바뀌고 힘이 달라짐에 따라 조금 씩 변화하기 때문이다.

보통 남성들은 비거리를 늘리고 슬라이스를 고치려고 뉴트럴 에서 스트롱 그립으로 바꾸는 경우가 많다. 스트롱 그립은 한마 디로 손목을 오른쪽으로 돌려 잡는 방법이다(오른손잡이 기준).

뉴트럴과 스트롱 그립의 차이는 왼 손등의 마디 개수 또는 엄 지와 검지 사이에 형성된 V자의 끝을 보고 구분한다. 통상 뉴트 럴은 왼 손등의 손마디가 2개 이하로 보이거나 V자 끝이 코끝을 가리키며 스트롱은 손마디가 3개 이상, V자 끝이 오른쪽 어깨를 향한다. 반대로 위크 그립은 손마디가 거의 안 보이거나 V자 끝 이 왼쪽 어깨를 향한다.

스트롱이라고 해서 그립을 세게 잡는 방법으로 알기도 하는데 이는 용어에서 오는 오해다. 여기서 스트롱은 악력이 아니라 공 을 세게 때릴 수 있는 그립법으로 이해해야 한다. 스트롱 그립은 뉴트럴 그립에 비해 손목을 오른쪽으로 더 돌려 잡기 때문에 다 운 스윙에서 공을 때리는 순간 손목을 왼쪽으로 더 돌려 복원시 킨다. 즉, 임팩트 때 클럽 로프트가 더 세워진 채로 공을 때리게 되는 것이다. 이게 심해지면 악성 훅이 되며 실제로 로프트가 평균보다 더 세워졌을 때를 '스트롱 로프트'라고 부른다. 실은 스트롱 그립 또는 위크 그립은 공식 용어가 아니다. 미국프로골프협회 티칭 교본에는 스트롱은 '닫힌 그립Closed Faced Grip' 또는 훅 그립Hook grip으로 위크는 '열린 그립Open Faced Grip'이나 슬라이스 그립Slice grip으로 설명한다.

그립 용어보다 중요한 건 그립을 바꾸면 구질이 바뀐다는 것을 이해하는 일이다. 슬라이스가 심했던 골퍼가 닫힌 그립으로 바꾼 후, 처음엔 거리도 늘고 슬라이스도 사라져 만족하다가 나중엔 심한 훅으로 고생하는 일이 비일비재하다. 긴급처방으로 그립을 바꾸면 구질이 개선될 수 있지만 근본적으로 고치는 방법은 아니다. 그립과 함께 스윙 궤도와 자세를 같이 조정해야 한다.

이를 점검할 수 있는 방법이 그립에 따른 백스윙 톱의

| 〈그림3-3〉 정확한 백스윙 톱
출처: 칼럼 〈최혜영의 신개념골프〉

모양을 살펴보는 것이다. 정상인 뉴트럴 그립을 쥐면 백스윙 톱에서 클럽 페이스는 45도 각도로 하늘을 향하며 평평한 손등의 면과 클럽 페이스의 면이 서로 평행하다. 이런 자세가 돼야 임팩트 순간에 클럽 페이스가 공을 직각으로 때려 똑바로 나갈 가능성이 높다.

이에 반해 닫힌(스트롱) 그립(b)은 백스윙 톱에서 헤드가 전부 하늘을 향해 있어 공을 맞출 때 클럽이 닫혀 훅이 발생하기 쉽고 열린(위크) 그립(c)은 거꾸로 헤드 페이스가 바닥을 향해 90도로 세워져 있어 임팩트 시 열려 슬라이스가 생기기 쉽다. 따라서 이들 그립으로 임팩트 시 공을 똑바로 맞추기 위해선 백스윙 톱에서 손목의 모양을 바꿔줘야 한다. 닫힌 그립은 백스윙 정점에서 왼쪽 손목을 약간 굴절시키는 모양을 만들어야 클럽 페이스가 전방과 하늘의 중간쯤을 향하는 스퀘어가 될 수 있고 열린 그립은 반대로 곧게 펴주어야만 클럽 페이스를 스퀘어로 만들 수 있다.

 올바른 자세에서 좋은 스코어가 나온다.

① 그립과 백스윙 톱 모양을 동시에 고쳐야 한다.
② 닫힌 그립은 왼쪽 손목을 약간 굴절시키는 모양을 만들고 열린 그립은 반대로 곧게 펴줘야 공을 똑바로 맞출 수 있다.

3초 만에 찾는 내 몸에 맞는 그립법

　　자신에게 맞는 그립을 찾는 쉬운 방법 중 하나는 타이거 우즈의 스승이었던 부치 하먼이 권장하는 방법이다.

　　방법은 이렇다. 본인이 쓰는 클럽을 자신의 왼쪽 다리 바깥쪽에 세운 뒤 왼팔을 어깨로부터 자연스럽게 늘어뜨린 차렷 자세에서 왼손으로 우선 그립을 잡는다. 이때 클럽 페이스 방향은 타깃 방향을 하고 있어야 한다. 이렇게 잡는 이유는 사람마다 차렷 자세에서 손등이 향하는 방향이 다르기 때문이다. 보통 차렷 자세에서 손등이 몸 바깥쪽으로 향하지만 팔 근육이 발달한 사람일수록 손등이 앞쪽을 보게 된다. 이런 상태에서 그립을 잡으면 닫힌 그립, 소위 스트롱 그립이 된다. 따라서 이런 사람이 억지로 뉴트럴 그립을 고수할 필요는 없다.

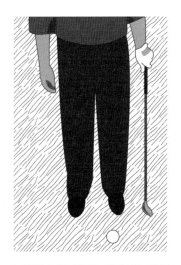

| 〈그림3-4〉 3초 만에 찾는 내 몸에 맞는 그립법

출처: Grouchy Golf Blog 'Golf Tips - The Proper Golf Grip'(www.grouchygolf.com/2005/05/golf-tips-proper-golf-grip.html)

14홀

장고 끝에
악수 둔다

◉ 간결한 예비동작

'탁' 서서 지체 없이 '툭' 친다

최경주 선수가 2011년 美 PGA투어 플레이어스 챔피언십에서
우승한 후 알려준 원포인트레슨이다. 셋업자세를 '탁' 만든 후 지
체 없이 '툭' 친다는 것을 이렇게 표현했다. 말은 쉽지만 주말 골
퍼 중 '탁 서서 툭' 칠 정도면 고수 축에 속한다. 백돌이들은 탁 섰

다가 꼼지락거리거나 빈 스윙을 여러 번 하다가 나중엔 잔뜩 힘이 들어간 상태에서 엉뚱한 샷을 날리기 일쑤다.

배려가 중요한 비즈니스 골프에서 지나친 '슬로우 플레이Slow play'는 동반자의 리듬을 깰 뿐만 아니라 라운드 분위기마저 가라앉혀 상대방에게 좋은 인상을 남기기 힘들다. 골프장마다 차이는 있지만 티오프 시간은 평균 7분 내외인 걸 감안하면 4명의 동반자들이 모두 공을 치고 나가려면 부지런해야 한다. 한 사람이라도 슬로우 플레이어Slow play가 있거나 OB가 나 다시 치면 다른 동반자나 다음 팀에 민폐를 끼칠 수 있다. 그렇다고 시간에 쫓겨 허겁지겁 치고 나가는 것도 영 모양새가 빠진다. 자연스럽게 동반자와 라운드를 이어가기 위해선 준비단계에서부터 의식적인 노력과 연습이 필요하다.

티샷을 날리는 데 얼마의 시간이면 적당할까? PGA에서는 처음 샷을 하는 선수에게 60초, 나머지 선수에게는 40초의 시간을 준다. 이를 어기면 처음엔 경고, 2번째는 1벌타를 부과한다. 4번째 경기 지연 행위는 실격 처리한다. 비즈니스 골프에선 이런 규정이 없지만 통상 티 그라운드에서 40초 이상 걸리면 슬로우 플레이어로 보는 것이 일반적이다. 경기를 느리게 하는 것은 프로나 아마추어나 습관의 문제기 때문에 초보자라면 처음부터 좋은 습관을 들여야 한다. 최경주 선수의 말대로 탁 서서 툭 치고 나가는 수준이 되기 위해선 나만의 프리샷 루틴을 만들어 놓아야 한다.

프리샷 루틴Pre-shot Routine이란, 공을 치기 전에 하는 일련의 생각과 예비동작을 말한다. 샷의 긴장감을 풀어주고 일정한 리듬감으로 스윙하기 위해 꼭 필요하다. 티박스에서 어드레스를 잡고 빈 스윙을 하거나 클럽 헤드를 흔들어주는 왜글Waggle 동작이 이에 해당된다. 프리샷 루틴은 순서가 있고 개인마다 하는 방법도 각양각색이다.

대부분의 아마추어 골퍼들은 일정한 프리샷 루틴이 없다. 샷을 할 때마다 준비과정이 조금씩 달라지다 보니 일관된 스윙과 샷이 안 나온다. 반면 프로들은 군더더기 없고 최적의 프리샷 루틴을 갖기 위해 오랜 시간 노력을 기울인다. 상위권 프로 선수일수록 프리샷 루틴에서 단 1초의 시간 오차도 허비하지 않는다.

일례로 KLPGA투어 통산 3승을 거둔 윤슬아 프로는 다음과 같은 프리샷 루틴을 갖는다.

① 공 뒤에 서서 타깃을 정한 뒤 그곳을 향해 공이 날아가는 장면을 연상한다.

② 클럽 페이스를 타깃과 스퀘어로 맞춘다. 그런 다음에 팔, 엉덩이, 어깨를 정렬(어드레스)한다.

③ 공 앞 1.5m 지점을 보고 연습 스윙을 한 번 한다.

④ 공 뒤에 클럽을 두고 왜글을 두 번 한다.

⑤ 타깃을 다시 한 번 주시하고 곧바로 스윙에 들어간다.

연습 스윙을 하는 이유는 일정한 템포를 유지하기 위해서인데 사람에 따라 이 동작을 ①에서 하기도 한다. 윤 프로가 연습 스윙을 처음이 아닌 ③에서 하는 이유는 가능한 한 실제 스윙 직전에 해야 그 느낌을 살릴 수 있어서다. 또한 빈 스윙 횟수도 짧은 어프로치가 아닌 이상 무조건 한 번으로 끝낸다. 여러 번 빈 스윙을 하는 것은 별 도움이 안 된다고 조언한다.

백돌이가 프로만큼 정교한 프리샷 루틴을 만들지는 않더라도 기본적으로 어드레스는 간결하게 한 후 10초 안에 공을 칠 수 있도록 노력해야 한다. 오래 끌면 끌수록 자세가 흐트러지고 공에 대한 집중력도 떨어지기 때문이다. 최소한 주머니에 예비 공을 준비해 미스샷으로 다시 쳐야 하는 시간을 줄이도록 하고 티를 꽂을 때도 먼저 친 사람들이 남긴 디봇이나 치고자 하는 방향의 작은 자연 장애물(루스 임페디먼트) 뒤에 위치시켜 방향을 잘못 잡아 다시 어드레스하는 일을 없도록 하는 것이 시간을 줄이는 요령이다.

◉ 리듬, 템포, 타이밍 그리고 밸런스

골프에서의 리듬이란?

골프가 잘 되는 날이면 흔히 "그분이 오셨다"고 말한다. 그 분이란 바로 '감feeling'을 뜻한다. 프로들에게 퍼트 비결이 뭐냐고 물어보면 열에 아홉은 감이라고 대답할 것이다. 퍼트감 외에도 스윙감, 거리감, 하다못해 운도 감이 있어야 따른다. 도대체 감은 어디서 오는 걸까? 전문가들은 골프에서 감은 리듬과 템포, 타이밍 그리고 밸런스가 완벽하게 유지될 때 찾아온다고 말한다. 근데 이 용어의 차이를 구별해 이해하기가 쉽지 않다.

먼저 골프에서 리듬은 스윙 동작을 할 때 구간별로 일정하게 유지되는 박자이다. 보통 백스윙과 다운 스윙으로 구분해 박자를 유지하며 다운 스윙 속도가 백스윙보다 2배 정도 빠르다. 가장 많이 하는 방법이 '하—나(백스윙 두 음절)—둘(다운 스윙 한 음절)' 혹은

'하-나-둘(백스윙 세 음절)-셋(다운 스윙 한 음절)' 박자이다. 대부분의 사람들이 이 방법으로 많이 연습한다. 프로 선수들은 이보다 더 정교하게 연습한다. 메트로놈(음악 템포를 재는 기계)이나 스마트폰 앱을 활용해 박자 간격을 조절해놓고 자신의 신체리듬에 맞춰 동작을 더 세분화한다. 또한 드라이버샷부터, 아이언, 퍼트까지 모든 클럽이 같은 리듬을 유지하도록 반복연습한다. 이렇게 일정한 리듬을 유지해야 긴장된 순간에도 일관된 스윙이 나올 수 있기 때문이다.

이어 템포는 스윙 빠르기로 백스윙부터 피니시Finish까지 걸린 총 시간을 말한다. 템포는 사람마다 다르다. 일반적으로 성격이 급한 사람은 템포가 빠르고, 반대로 느긋한 사람은 템포도 느리다. 타이거 우즈는 빠르고, 어니 엘스는 느리다. 보통 남성 프로 골퍼의 템포는 1.8초 이내, 여성은 2초 이내로 큰 차이가 없다. 스윙을 1초 만에 끝내든 3초가 걸리든 중요한 것은 구간별로 리듬이 깨지지 않고 같은 속도 비율을 유지하는 것이다.

자신의 템포를 알 수 있는 방법이 있다. 눈을 감고 퍼터를 잡은 뒤 30초 동안 시계추처럼 왕복한 횟수를 세어본다. 그 횟수에 2를 곱한 것이 개인 템포다. 보통 1분에 70bpm(Beat Per Minute) 전후를 기준으로 삼는다. 이보다 숫자가 크면 템포가 빠르고, 적으면 템포가 느리다고 본다. 통상 1분에 70회면 심장박동 속도이고 메트로놈으로 재면 '아다지오Adagio(매우 느리게)'에 해당된다.

자신의 템포를 알았다면 실제 메트로놈에 박자를 입력해 그 리듬에 맞춰 퍼트 연습을 한다. 현실적으로 메트로놈을 이용하 기 어렵기 때문에 요즘은 스마트폰 앱을 많이 이용한다. 프로 선 수들이 퍼트 연습할 때 귀에 이어폰을 끼고 하는 모습을 종종 볼 수 있는데, 대부분 스마트폰에 메트로놈 앱을 받아 연습하는 것 이다.

타이밍은 임팩트를 두고 많이 언급한다. '타이밍이 안 맞는다' 하면 임팩트 순간 클럽과 몸이 따로 노는 느낌이고 반대로 '타이 밍이 기가 막히다'는 것은 임팩트 순간 클럽과 몸이 하나로 일치 되는 느낌을 말한다. 이처럼 임팩트 순간 타이밍이 잘 맞기 위 해선 동작의 순서가 물 흐르듯 연결돼야 한다. 어드레스 상태에 서 백스윙을 할 때는 '클럽 헤드→그립→어깨→허리→발' 순서로 연결하며 상체를 비틀어야 한다. 다운 스윙은 땅에서부터 시작 한다. '발→무릎→허리→어깨→그립→클럽 헤드' 순서다. 이렇게 해야 타이밍이 맞는다. 백스윙 때 하체나 엉덩이를 팔이나 어깨 보다 먼저 회전하거나, 다운 스윙 때 팔을 먼저 쓰면 좋은 타이 밍이 나올 수 없다.

마지막으로 밸런스는 정적인 자세position가 아니라 동적인 움 직임motion의 균형을 뜻한다. 골프를 칠 때 신체의 모든 부분들이 타이밍에 맞춰 조화롭게 움직이면 밸런스가 잡힌 것이다. 즉, 손·팔·어깨·엉덩이·다리 등 모든 신체 부위와 골프채가 모두 균형 있게 움직여야 한다. 골프에서 하체 밸런스를 강조하는 이유도 어떤 동작에서도 중심을 잃지 않고 공을 때리려면 하체가 단단하게 고정돼 있어야 하기 때문이다.

◉ 티박스 100% 사용설명서

휘어지는 코스방향에 티 꽂기

"이곳은 슬라이스 홀이에요."
"여기는 훅 홀이니 오른쪽을 봐주세요."

티박스에 서면 캐디로부터 자주 듣게 되는 말이다. 슬라이스 홀은 오른쪽으로 휘는 도그렉Dog leg 코스를 말하고, 훅 홀은 왼쪽으로 휘는 코스이니 그와 반대되는 방향을 보고 치는 게 안전하다는 조언이다. 코스 결대로 치면 제일 좋겠지만 그건 어디까지나 고수들끼리의 얘기이고 백돌이가 그렇게 치려고 했다간 공이 더 휘거나 거리가 짧아 OB를 내기 십상이다. 물론 분수를 알고 캐디 조언대로 방향을 잡아도 OB가 나는 게 백돌이의 비애이지만.

골프 고수들은 이런 코스에서 티 꽂는 위치를 조정해 사전 위험 요인을 차단한다. 오른쪽으로 휘는 코스에선 오른쪽 티박스에서, 반대로 왼쪽으로 휘어지는 홀에선 왼쪽 티박스에 티를 꽂고 공을 치는 것이 포인트다. 이처럼 휘어지는 쪽에 맞춰 티 위치를 조정하면 공을 떨어뜨리는 지점의 시야가 상대적으로 넓어져 OB가 날 확률이 줄어든다.

가령, 슬라이스가 심한 백돌이가 오른쪽 도그렉 홀에서 과감히 오른쪽 티박스에서 티샷을 한다고 하자. 시야상 오른쪽으로 휘어진 코스는 잘 보이지 않겠지만 상대적으로 왼쪽 페어웨이는 잘 보일 것이다. 이 위치에서 악성 슬라이스가 나도 공은 페어웨이 중간쯤에 안착할 가능성이 높다. 만약 공이 똑바로 맞더라도 왼쪽 페어웨이 구역에 떨어질 수 있다. 물론 막창(너무 공이 멀리 가는 바람에 OB 구역이나 해저드에 빠지는 것)이 날 가능성도 있지만 슬라이스 OB 보다는 더 나은 결과를 낳는다. 왼쪽 도그렉 코스에서도 같은 원리가 적용된다.

티박스를 조정해도 OB가 나면 자세를 다시 점검해봐야 한다. 오른쪽으로 휜 슬라이스 홀에서 좌측으로 공을 보내야 된다는 생각에 사로잡히다 보면 본인도 모르게 정렬alignment을 왼쪽으로 하기 쉽다. 즉, 좌측으로 스탠스Stance와 몸이 오픈된 상황에서 어깨 회전을 충분히 하지 않으면 '아웃 투 인Out to in'으로 스윙돼 공을 깎여 치게 되고 결국 슬라이스가 나는 것이다.

마찬가지로 훅 코스에서도 오른발이 뒤로 빠지고 어깨가 닫혀 팔로우 때 몸은 막히고 클럽만 돌아가서 훅이 나는 것이다.

티박스는 좌우뿐만 아니라 앞뒤로도 활용할 수 있다. 무슨 말인가 하면 티샷을 티마크 바로 뒤에서 하지 않고 뒤로 몇 발자국 물러난 자리에서 쳐도 상관없다는 뜻이다. 거리 손해를 보지 않기 위해선 티마크에 가장 가까운 곳에 티를 꽂아 치는 게 정석이지만 파3홀이라면 꼭 그럴 필요가 없다. 가령, 7번으로 140m를 보내는 골퍼가 있는데, 티마크에서 홀까지의 거리가 135m라면 고민에 빠지게 된다. 7번으로 살살치거나 8번으로 세게 치면 되겠지만 정확성이 크게 떨어지거나 실수하기 쉽다. 이렇게 하는 것보다 티마크에서 뒤로 2~3m 떨어진 곳에다 티를 놓고 7번 아이언으로 풀스윙하면 비거리를 보다 정확히 맞출 수 있다.

이것이 가능한 이유는 티업할 수 있는 공간이 티마크 양쪽뿐만 아니라 티마크로부터 두 클럽 후방까지 때문이다. 즉, 티박스는 '가로(양쪽 티마크) × 세로(드라이버 두 클럽)'에 해당된다. 이 구역 어디에다 공을 두고 쳐도 무방하다. 심지어 공은 안에 두고 몸이 바깥에 나가 있어도 규칙위반이 아니다. 공이 조금이라도 티박스 안에 걸쳐 있으면 괜찮은 것이다. 다만, 공이 티마크보다 앞으로 나온 '배꼽이 나온 상태'에서 공을 치면 2벌타를 받는다. 즉, 다음 샷은 3타째가 되는 것이다.

티마크 Tee mark

각 홀의 티잉그라운드를 지정하는 표지물로 보통 빨간색, 흰색, 푸른색으로 나뉜다. 빨간색 티마크는 여성, 시니어, 주니어 골퍼 등이 이용하며, 흰색 티마크는 아마추어 남성용이다. 푸른색 티마크는 백티Back tee로 불리며 프로 골퍼들이 주로 이용한다. 이보다 더 뒤에는 챔피언티Champion tee 또는 블랙티로 불리는 검은색 티마크가 있다.

15홀

클럽에 따라 거리가 안 나오는 이유

◉ 100야드에서 우드 찾는 백돌이

백돌이는 원운동, 싱글은 직선운동

▶ 샷이 둘쑥날쑥한 주말 골퍼 L씨가 평소 쓰는 클럽은 6개다. 드라이버, 4번 하이브리드(유틸리티), 7번 아이언, 9번 아이언, 샌드웨지, 퍼터로 150m 이상은 4번 하이브리드를, 130m 안팎은 7번 아이언으로 통일한다. 3번 우드나 5, 6, 8번 아이언도 골프백에 넣어뒀지만 1년에 한두 번 쓸까 말까다. 짧은 아이언도 마찬가지. 그는 피칭거리가 남아

도 9번으로 살살 치고 80m 이하는 샌드웨지로 치는 것이 마음이 편하다고 말한다. "긴장되고 중요한 순간에는 7번 아이언으로 100야드를 공략하기도 해요. 거리가 많이 나가기도 하지만 마음이 편하고 자세가 안정되거든요. 실력 문제긴 하지만 굳이 잘 안 맞는 클럽을 다 가지고 다닐 필요가 있나 싶어요."

▶ 골프를 배운 지 3년이 됐지만 90대 초반 벽을 깨지 못하는 백돌이 C차장. 좀처럼 늘지 않는 실력에 한계를 느끼다가 우연히 인터넷에서 골프는 원운동이 아니라 직선운동이라는 말에 눈이 번쩍 뜨였다. 비거리를 늘리기 위해 평소 몸통 회전과 스윙 플레인에 신경을 써온 그에게 골프에도 직선운동이 있다는 설명이 새롭게 다가왔다. 실제로 그렇게 의식하고 연습을 하다 보니 거리가 몰라보게 달라졌고 클럽에 따라 비거리도 딱딱 잘 나왔다.

클럽에 따라 거리가 정확히 안 나오는 골퍼라면 L씨 같은 생각을 한 번쯤 해봤을 것이다. 특히 초보자는 연습장에서 주로 썼던 클럽이 드라이버, 7번 아이언, 피칭이나 샌드웨지 등이다 보니 다양한 클럽을 쓰는 것에 익숙하지 않다. 막상 안 쓰던 채를 쓰면 미스샷이 나거나 거리가 훨씬 적게 나가 다른 클럽을 더 안 쓰게 된다.

클럽에 따라 비거리가 안 나오는 원인은 다양하다. 체중이동이나 꼬임이 안 되고 팔로만 공을 친다든지, 어깨 회전이 안 되거나 다운 스윙에서 어깨를 툭 떨어뜨리지 못한다고 말하는 교습가도 있다. 헤드스피드가 느리다거나 반대로 힘은 좋은데 정확히 임팩트를 못 한다는 지적을 듣고 눈을 부릅뜨고 열심히 공을 때리지만 돌아오는 건 시큰거리는 손목의 통증뿐이다.

앞서 나열한 다양한 원인으로도 해결이 안 된 골퍼라면 백돌이 C차장이 깨달은 직선운동에서 해법을 찾을 수 있다.

사실 골프는 척추를 축으로 회전하는 원운동이다. 클럽이 만드는 스윙 플레인Swing plain을 보면 비스듬히 기울어진 타원형으로 보인다. 그런데도 골프를 두고 직선운동이라고 설명하는 건 부분적으로 직선운동에 가까운 동작이 숨어 있기 때문이다. 가령, 백스윙 초기 클럽을 뒤로 빼는 테이크백Take back 동작이나 다운 스윙을 시작할 때 어깨를 떨어뜨려 클럽 헤드를 지면에 수직으로 내리는 동작, 다운 스윙 시 타깃 방향으로 체중을 이동시키고 임팩트 후 양손을 일직선으로 뻗는 자세 등이 대표적이다.

예를 든 동작들이 실제 직선운동인지에 대해선 반박의 여지가 있지만 중요한 건 골프를 회전이 아닌 직선운동으로 이해할 때 골프를 보는 시각이 한층 깊어질 수 있다는 점이다.

골프 스윙을 '백스윙-다운 스윙-임팩트-폴로 스루' 등 네 가지로 구분할 때 가장 어려운 동작을 꼽으라면 다운 스윙부터 임팩트 직전이다. 다운 스윙이 잘 되려면 백스윙으로 축적된 힘을 손실 없이 공에 잘 전달해야 하는데 이게 말처럼 쉽지 않다. 초보자들은 코킹이 빨리 풀리며 클럽을 던지는 캐스팅casting 현상이 나오는 반면 고수는 임팩트 존까지 최대한 코킹을 유지lag cocking해 에너지 손실을 최소화해 공에 힘을 전달한다. 임팩트 직전까지 코킹을 풀지 않고 그대로 유지한 채 다운 스윙하는 것이 소위 프로들이 강조하는 '레이트 히트late hit'이다. 고수와 하수 간의 비거리와 실력 차이도 이 동작을 얼마나 잘 하느냐에 달렸다.

코킹을 유지하는 이 동작을 슬로우 모션으로 보면 클럽 헤드를 수직으로 내리는 동작과 체중을 타깃 방향으로 옮기는 수평 동작이 동시에 이뤄진다. 즉, 하체가 리드하는 다운 스윙이 되면 두 손이 클럽의 헤드보다 먼저 앞서간 상황에서 임팩트가 이뤄지게 된다. 이 동작이 빠르고 자연스럽게 이뤄지면서 회전운동을 만드는 것이다.

이처럼 다운 스윙을 수직과 수평 운동의 조화로 이해하면 회전운동으로만 연습할 때보다 한결 오랫동안 코킹을 유지할 수 있다. 또한 다운 스윙 때 오른쪽 팔꿈치가 자연스럽게 몸통에 붙게 돼 '인사이드 아웃'의 스윙 플레인을 형성할 수 있다. 공과 타깃을 연결한 선을 공의 후방까지 이었을 때 몸 쪽이 인사이드, 그 선의 바깥쪽이 아웃사이드다. 신체 구조상 어떤 물체를 자신의 몸 쪽으로 끌어 당기는 힘보다 몸 안쪽에서 밖으로 밀어낼 때 더 강한 탄력과 힘이 생겨난다. 다운 스윙 궤도를 '아웃사이드 인'보다 '인사이드 아웃'으로 많이 권장하는 이유가 여기에 있다.

다만, 다운 스윙 때 오른쪽 팔꿈치를 지나치게 몸에 붙이는 것에 집착하다 보면 스윙 아크가 작아져 거리가 나지 않고 임팩트 순간 클럽 페이스가 열려 슬라이스샷을 할 가능성이 높다. 차라리 다운 스윙 시 그립 끝이 왼쪽 발을 향한다는 느낌으로 클럽을 던지는 것이 좋다.

⦿ 기계적인 스윙 동작의 필요성

자세가 맞아야 공이 맞는다

주말 골퍼들은 '잘 안 맞는다'라는 이유로 익숙한 클럽만 쓰려는 경향이 강하다. 평소 잘 맞는 클럽은 자세나 마음이 편하고 거리에 대한 자신감이 있지만 잘 안 맞는 클럽은 뭔가 자세가 어색하고 치면 뒤땅이나 악성 구질이 나올 것 같은 불안감이 든다. 결

론적으로 정확한 비거리는 안정된 자세에서 나온다고 해도 과언
이 아니다.

안정된 자세란 폼이나 팔 동작이 아닌 '기계적인 스윙'을 말한
다. 클럽을 끼워 자동으로 스윙하는 골프로봇을 연상하면 이해가
빠르다. 이 기계의 동작을 보면 비스듬한 원반 모양의 스윙 플레
인으로 공을 때리는 것이 눈에 들어온다. 사람도 기계와 똑같이
스윙 플레인을 만들어 공을 치지만 상당수 초보 골퍼들은 이보다
자세나 부분 동작에 더 신경을 쓴다. 한마디로 숲을 보지 않고 나
무만 본다는 것이다. 교습가들이 만들어낸 자세나 동작들은 어디
까지나 일관된 스윙 플레인을 만들기 위한 중간과정이다. 결국
초보자도 로봇처럼 일관된 스윙 플레인만 만들면 클럽에 따라 거
리를 정확히 낼 수 있다.

일관된 스윙 플레인을 만들기 위해선 클럽의 움직임에 주목
해야 한다. 즉, 팔과 몸 동작들이 클럽이 스윙 플레인 궤도를 방
해해선 안 된다. 체중이동이나 적절한 코일동작, 그리고 팔과 몸
의 조화 등이 다 이를 만들기 위한 예비동작들이다. 최소한 공을
때리는 전후 20cm 임팩트 구간에서 의식적으로 클럽을 직선으
로 똑바로 치려고 노력해야 한다. 팔자 스윙이나 장작패기 등 부
자연스러운 자세로도 얼마든지 장타를 내는 골퍼들은 공통적으
로 임팩트 구간에서 직선에 가까운 클럽 헤드 움직임을 보인다.

● 우드도 찍어 쳐야 하는 이유

모든 클럽의 스윙은 똑같다

백돌이는 우드가 잘 맞으면 아이언은 안 맞고 반대로 아이언이 잘 맞는 날이면 우드가 죽어도 안 맞을 때가 많다. 이럴 때 쉽게 듣는 조언이 "아이언은 찍어 치고 우드는 쓸어 쳐라"는 것인데, 막상 이렇게 해도 샷이 들쑥날쑥할 때가 많아 머릿속이 복잡해지곤 한다. '과연 찍거나 쓸어 치는 게 맞기나 한 건가?', '클럽마다 스윙 방법이 다르면 어떻게 일관된 샷을 구사할 수 있을까?'

결론부터 얘기하면 모든 클럽의 스윙은 똑같다. 그럼에도 우드와 아이언의 치는 방법이 다르게 느껴지고 심지어 일부 프로들도 우드는 쓸고 아이언은 찍어 치라고 공공연히 말하는 이유는 무엇일까?

우선 '찍어치기'와 '쓸어치기'의 차이점부터 알아야 한다. 클럽이 스윙 최저점에 도달하기 전에 공부터 맞으면 소위 찍어치기가 되고 스윙 처저점 또는 그 후에 공이 맞으면 쓸어치기가 되는 게 일반적이다. 결국 찍어치기와 쓸어치기를 좌우하는 건 공의 위치가 1차적으로 결정한다. 스탠스 정 가운데를 스윙 최저점이라고 가정하면 그보다 오른쪽에 공을 놓으면(오른손잡이 기준) 공을 먼저 맞고 최저점을 가기 때문에 찍어치기가 될 수 있고 반대로 최저점 내지 그보다 왼쪽에 놓으면 클럽이 지나간 후 공이 맞아서 쓸어치기가 된다.

그렇다면 공 위치만으로 치는 방법이 달라진다고 설명할 수 있을까? 이것도 틀린 소리다. 이 같은 논리라면 클럽 길이가 짧거나 긴 것에 상관없이 공의 위치에 따라 찍어 치거나 쓸어 치는 게 모두 가능하기 때문이다. 결국 찍어 치거나 쓸어 치는 게 아니라 단지 그렇게 공이 맞거나 그런 느낌만 있을 뿐이다. 다시 원점으로 돌아가면 스윙 방법은 단 하나다. 클럽 종류에 따라 백스윙과 다운 스윙이 다르다면 정말 골프는 운동 천재만이 할 수 있는 스포츠가 됐을 것이다.

그런데도 우드와 아이언을 칠 때 느낌이 사뭇 다른 건 왜일까. 이는 아이언과 우드의 스윙 플레인이 다르기 때문에 느끼는 현상이다. 스윙 플레인은 스윙할 때 클럽 샤프트가 그리는 궤도 면으로 원통을 사선으로 잘랐을 때 단면이라고 보면 이해가 빠르다.

스윙 플레인은 샤프트 길이에 따라 기울기가 조금씩 달라진다. 드라이버나 우드처럼 긴 클럽은 스윙 플레인이 평평flat하게 되는 반면, 아이언이나 웨지처럼 짧은 클럽은 스윙 플레인이 우드보다 상대적으로 가파른 경사upright를 그리게 된다. 이 때문에 우드는 쓸어 치는 것 같고 아이언은 찍어 치는 느낌이 나는데 이를 두고 일부 프로들이 단편적으로 쓸어 치고 찍어 치라고 설명해 오해가 생기는 것이다.

스윙 플레인의 기울기가 이처럼 달라지는 것은 어드레스를 잡을 때의 척추 기울기와도 관련이 깊다. 일반적으로 길이가 긴 우드를 쓸 경우 몸을 세워지는 반면 길이가 짧은 아이언은 상대적으로 몸을 더 숙여서 치게 된다. 신장이나 팔 길이 등 신체조건에 따라 조금씩 달라지지만 기본적으로 골프 스윙은 척추를 축으로 몸이 회전하면서 만들어진다. 따라서 어드레스 때 척추의 기울기가 일정하지 않으면 스윙 플레인은 그때그때 달라져 공이 제대로 맞지 않는다. 또한 다운 스윙 중 몸을 갑자기 들거나 무릎을 위아래로 움직이는 동작 역시 스윙 플레인의 변화를 가져와 일관된 스윙을 가져가지 못하게 한다. 자신의 몸에 맞는 스윙 플레인을 만들었다면 아이언뿐만 아니라 우드도 찍어 치는 느낌으로 치는 게 가능하다. 실제로 프로들은 드라이버를 칠 때도 퍼올리거나 쓸듯이 치지 않고 소위 하향 타격down blow을 해서 비거리를 낸다. 3번 우드를 가지고도 아이언처럼 그린에 세우는 것도 같은 원리다.

16홀

트러블샷

◉ 들쑥날쑥한 벙커샷

벙커샷의 기본은 공 뒤 모래를 먼저 쳐 그 반동으로 공을 꺼내
는 것이다. 골퍼라면 누구나 다 아는 사실이지만 그게 늘 뜻대로
안 된다. 여러 원인이 있겠지만 그중 하나를 꼽자면 '일정한 리듬'
이다. 골프에서 리듬이 중요하다는 것은 아무리 강조해도 지나치
지 않지만 특히 벙커샷에선 백스윙과 다운 스윙 리듬이 일정해야
한다. 주말 골퍼들은 벙커에서 공을 탈출시키겠다는 생각 때문에
다운 스윙 때 힘이 들어간다. 그러다 보면 백스윙보다 다운 스윙

이 빨라지고 상체가 앞으로 끌려 나가는 모습을 보일 때가 많다.

드라이버샷이나 아이언샷을 할 때는 백스윙보다 다운 스윙을 빨리 하는 게 중요하다. 그래야 헤드스피드가 빨라져 비거리가 늘어난다. 하지만 벙커샷은 다르다. 백스윙과 다운 스윙, 피니시 동작까지 일정한 리듬을 갖고 스윙해야 공을 벙커에서 탈출시킬 수 있다. 흔히 벙커샷을 할 때면 "피니시를 끝까지 하라"는 말을 많이 듣게 되는데 그 이유도 결국 리듬감을 일정하게 유지하기 위해서다.

많은 주말 골퍼들이 다운 스윙 때 힘을 주다 보니 피니시를 끝까지 하지 못하고 스윙이 중간에서 뚝 그친다. 일정한 리듬감을 갖고 V(벙커 턱이 높을 경우)나 U자 형태로 스윙을 해야 한다. 이때도 백스윙의 시작인 테이크 어웨이Take away 동작에서 주의가 필요하다. 클럽을 뒤로 빼는 동작에서 바로 손목을 써서 들어 올려야 한다. 많은 아마추어들이 이를 알고도 막상 실전에서 클럽을 일단 뒤로 뺀 다음 뒤늦게 코킹할 때가 많다. 그렇게 하면 공 뒤 모래지점을 제대로 공략하지 못하고 공부터 때려 톱볼이 될 가능성이 높다.

백스윙 → 다운 스윙 → 피니시까지 리듬 유지

리듬감을 머릿속에 입력했다면 그다음 알아둘 것은 벙커샷은 힘이 아닌, 클럽 바운스bounce로 공을 탈출시킨다는 점이다. 클럽 헤드 바닥의 불룩 튀어나온 부분을 바운스라고 하는데 이 부분이 공 뒤 모래를 퍼내 공을 솟구치게 한다. 바운스를 이용해 모래를 쳐내기 위해선 클럽 헤드를 열어야 한다. 임팩트 때 클럽 페이스가 닫히면 바운스를 이용해 모래를 퍼낼 수 없다.

페이스는 어느 정도 열어야 할까. 보통 15도 정도 여는데, 목표 거리에 따라 조금씩 달라진다. 바로 앞이 그린이고 턱이 높다고 하면 더 열어 바운스가 모래 깊이 들어가야 한다. 즉 클럽 페이스를 많이 열어 그만큼 모래를 많이 퍼내야 한다는 의미다. 반대로 핀까지 거리가 많이 남을수록 클럽 페이스를 닫아 모래를 적게 퍼낸다. 이때 공의 위치도 중요하다. 그린에 가까운 벙커의 경우 공은 왼발 뒤꿈치에 놓고 체중도 왼쪽에 둔다. 체중이 왼쪽에 있어야 클럽을 끌고 내려오기 쉬워지기 때문이다. 스윙하는 동안 체중 이동은 하지 않고 계속 왼쪽에 둔다.

벙커샷은 백스윙 크기도 중요하다. 벙커샷은 공을 직접 치는 것이 아니기 때문에 홀까지 거리가 짧다고 해서 백스윙을 작게 해선 안 된다. 최소한 클럽을 잡은 그립이 어깨까지 올라올 수 있도록 백스윙을 크게 한다. 아울러 스윙하는 동안 무릎 각도도 변하지 않아야 한다.

페어웨이 벙커라면 공을 가운데나 오른쪽에 둬 모래보다 공을 먼저 맞춰 톱볼 구질이 나오게 한다. 모래 재질을 파악하는 것도 중요하다. 모래가 부드러우면 클럽 헤드가 모래 깊이 들어가 모래를 많이 퍼내게 돼 거리가 줄어든다.

따라서 평소보다 닫고 친다. 반대로 모래가 비를 맞아 묵직하거나 딱딱한 재질일 경우에는 클럽을 더 열어 바운스가 모래에 깊이 들어가게 한다. 모래의 재질은 벙커샷 전에 발로 모래를 비벼 하체를 고정할 때 파악한다.

벙커샷 중에서 가장 고난이도는 애매한 거리의 중거리(27~45m) 벙커샷이다. 그린에 붙은 벙커는 샌드웨지로 모래 뒤를 쳐 그 반동으로 공을 보내면 되는데 그 한계는 27m 정도다. 그 이상은 다른 방법을 써야 한다. 샌드웨지 대신 로프트 각도가 작은 어프로치(A)나 피칭웨지를 쓰면 더 멀리 보낼 수 있다. 클럽 페이스를 열지 말고 세워서 스퀘어(직각)로 스윙한다. 공 위치도 가운데 둔다. 단 벙커 턱이 높으면 걸릴 수 있기 때문에 주의해야 한다.

중거리 벙커에선 모래를 얇게 떠내야 한다. 이를 위해선 코킹 없이 부드러운 스윙이 이뤄져야 한다. 최대한 손목을 사용하지 않고 클럽을 완만한 각도로 집어넣는다. 마치 그린 주변 잔디에서 어프로치하는 느낌으로 U자형 스윙 궤도에 가깝다. 부드럽게 스윙할 수 있다면 공을 직접 맞히는 것도 방법이다. 발도 모래에 깊게 묻지 않는다. 발을 깊게 묻을 경우 공과 몸 사이의 거리가 짧아져 모래를 두껍게 칠 확률이 높다.

벙커 턱이 낮다면 치핑(공을 살짝 띄워서 그린에 올린 뒤 굴려서 홀에 접근시키는 플레이)도 가능하다. 단, 공의 라이 상태가 좋아야 한다. 그립의 압력을 일정하게 유지하면서 칩샷을 한다. 공의 위치도 오른발에 두고 스탠스도 좁게 선다. 스윙을 적게 하는 대신 뒤땅을 치면 벙커샷을 다시 해야 하기 때문에 그립 압력을 유지하면서 부드럽게 스윙한다.

◉ 벙커 같은 디봇 탈출법

난감한 상황을 극복하려면…

라운드 중 가장 난감할 때가 디봇 자국Divot mark(클럽에 의해 잔디가 뜯겨 나간 자리)에 공이 들어갔을 경우다. 오죽했으면 '골프황제' 타이거 우즈도 디봇에 빠졌을 때 무벌타로 빼고 쳐야 한다고 말했을까. 프로도 피하고 싶은 디봇샷을 아마추어가 잘하긴 어렵다. 주로 아마추어 골퍼들은 동반자에게 양해를 구하고 디봇에서 공을 빼서 친다. 습관적으로 이렇게 치다 보니 막상 디봇에서 탈출하는 요령을 모를 때가 많다.

디봇은 일종의 작은 벙커다. 공의 비거리가 줄고 방향성도 나빠진다. 따라서 평소보다 한 클럽 길게 잡아 비거리 손실을 줄이고 공을 정확히 때려 엉뚱한 방향으로 날아가지 않게 해야 한다. 공을 정확히 때리기 위해선 일단 가파른 각도의 다운 블로Down blow 스윙이 필요하다. 왜냐하면 디봇에선 공이 지면 아래 위치해 있어 평소 스윙대로 하면 클럽 헤드의 밑부분이 디봇 입구에 걸리기 쉽기 때문이다.

다운 블로는 클럽 헤드가 스윙의 최하점에 도달하기 전에 공에 맞도록 클럽을 내려치는 샷이다. 다운 블로샷이 되면 공을 정확하게 맞출 수 있을 뿐 아니라 일관된 샷을 구사할 수 있다. 백돌이가 아이언 번호에 따라 거리 차이가 나지 않는 이유 중 하나도 다운 블로 스윙이 안 되기 때문이다.

다운 블로 스윙을 구사하려면 백스윙 때 손목을 좀 일찍 꺾어주고early cocking 다운 스윙 때 양손이 헤드보다 약간 앞선 상태에서 채를 누르듯이 공을 친다. 공의 위치도 중요하다. 평소보다 공반 개에서 한 개 정도 오른쪽에 두고 스탠스를 잡는다. 그래야 스윙 궤도의 최저점에 이르기 전에 임팩트가 일어나 다운 블로 스윙이 구사된다. 방향 컨트롤을 잘하기 위해서 클럽을 짧게 잡고 팔로만 내리치는 느낌으로 4분의 3 정도의 크기로 스윙한다. 또, 셋업 때 체중 배분은 왼발 쪽에 조금 더 둬야 수월하게 다운 블로 궤도를 만들 수 있다.

디봇 자국 내 공이 어디에 있느냐에 따라 치는 요령도 달라진다. 대부분 공이 디봇의 중간에 놓이지만 가끔 디봇의 시작 부분이나 끝 부분에 놓일 때도 있다. 특히 디봇 입구에 공이 있을 경우 클럽 헤드가 들어갈 공간이 없기 때문에 치기가 어렵다. 이 때는 '새로운 디봇을 만든다'는 기분으로 과감하게 공부터 맞춰야 한다.

싱글 골퍼라면 디봇의 방향도 감안해야 한다. 디봇이 타깃 방향으로 난 게 아니기 때문이다. 가령 디봇이 핀의 오른쪽 방향으로 난 상태에서 그대로 핀을 보고 샷을 하면 헤드의 힐 부분이 턱에 걸려 페이스가 닫히게 된다. 따라서 어드레스 때 페이스를 약간 열어주거나 스탠스 자체를 오른쪽으로 선다. 디봇 자국이 왼쪽을 향해 나 있을 경우는 그 반대로 자세를 취한다. 공을 원하는 방향으로 보내기 위해선 임팩트 이후 자세도 중요하다. 공을 맞추고 난 뒤 목표선상으로 손을 낮고 길게 뻗어줘야 한다. 평소대로 손을 엇갈리게 하지 말고 왼손이 쭉 끌고 나가게끔 한다. 이때 상체가 타깃 방향으로 따라 움직여도 괜찮다.

◉ 오르막 내리막 경사 정복

경사 정도에 따라 대처법이 다르다

초보들은 스크린이나 연습장에선 공이 잘 맞다가도 필드에만 나가면 미스샷이 많이 난다. 가장 큰 이유 중 하나는 경사 때문이다. 경사지샷은 크게 4가지로 구분된다. 공이 양 발끝보다 높을 때와 낮을 때, 왼발이 오른발보다 높을 때와 낮을 때 등이다. 모든 경사지에선 자세가 불안정하므로 스탠스는 좀 더 넓게 서고 백스윙 크기를 4분의 3 정도로 부드럽게 휘두르는 게 기본이다.

우선 공이 발끝보다 높을 때다. 공과의 거리가 가까운 만큼 클럽은 약간 짧게 잡는다. 어드레스 때 헤드의 토toe(앞쪽 끝)가 위로 들려 페이스가 닫히기 쉽다. 왼쪽으로 휘는 훅 샷이 나오기 쉬우므로 타깃의 오른쪽을 향해 몸을 정렬한다. 체중도 약간 앞쪽으로 둬 피니시 때 자세가 뒤로 무너지지 않도록 한다. 공이 발끝보다 낮을 때는 그 반대다. 헤드의 힐heel(뒤쪽 끝)이 높아져 페이스가 열리기 때문에 목표 지점보다 왼쪽을 겨냥한다.

왼발이 오른발보다 높거나 낮은 경사지에선 어깨를 경사면에 평행하게 두고 체중은 지형이 낮은 쪽에 놓는 것이 요령이다. 왼발이 낮으면 왼발, 오른발이 낮으면 오른발에 체중을 둔다. 그리고 스윙 중에 체중 이동을 하지 않고 고정한다. 낮은 지형의 발이 축이 되므로 피니시 자세까지 무릎 각도를 유지해야 한다.

왼발이 낮은 경사지샷(내리막 경사 스윙)은 까다롭다. 공을 가운데 놓고 체중은 왼발에 둔다. 체중이 왼발에 가면 무릎, 허리, 어깨가 경사면과 평행이 되도록 정렬한다. 톱에서 코킹이 빨리 풀리게 되면 뒤땅을 치기 쉽기 때문에 타깃보다 왼쪽을 보고 정렬한다. 체중은 오른발로 이동하지 않고 스윙하는 동안 계속 왼발에 둔다. 치고 나서도 왼쪽 무릎이 펴지지 않게 유지하는 것이 포인트다. 탄도가 낮고 공이 땅에 떨어진 뒤 많이 구른다는 점을 감안해 평소보다 짧은 클럽을 고른다.

17홀

어프로치샷

● 80야드는 내 운명

싱글 골퍼로 가는 바른 어프로치샷

어프로치샷만 잘해도 싱글 골퍼가 될 수 있다. 어프로치샷은 크게 네 가지로 나뉜다. 칩샷Chip shot(낮고 적게 날려 많이 굴리는 샷), 피치샷Pitch shot(공을 높이 띄워 정지시키는 샷), 피치 앤드 런Pitch & run(공을 공중에 띄워 구르게 하는 샷), 로브샷Lob shot(공을 최대한 높이 띄워 스핀을 가해 정지시키는 샷)이다.

그린 주변에서 어프로치를 할 때 가장 중요한 것은 거리와 방향의 정확성이다. 공을 흔들림 없이 홀에 가깝게 보내려면 공을 띄워서 보내는 것보다 낮게 보내는 것이 훨씬 유리하다. 어프로치를 정복하기 위해서는 제일 먼저 칩샷을 알아야 한다.

자연스러운 어드레스를 만들기 위해 그립을 짧게 쥐고 가능한 한 공에 가깝게 선다. 특히 어프로치할 때 공과 몸의 거리가 멀어질수록 클럽 로프트가 불안정해지면서 정확한 샷을 하기 어려워진다. 어드레스 시 클럽을 잡은 두 손과 양쪽 허벅지 사이에 주먹 하나 정도 들어갈 수 있는 공간이 만들어지도록 어드레스를 해주는 것이 가장 이상적이다. 공은 오른 엄지발가락 조금 안쪽에 놓는다.

스탠스는 좁게 하고 조금 오픈한다. 이는 임팩트 직후 클럽 샤프트가 빠져나갈 공간을 만들어 스윙을 좀 더 부드럽게 하기 위함이다. 하체의 중심과 몸의 축은 왼쪽에 둔다. 정면에서 봤을 때 공보다 3cm 정도 왼쪽을 향하도록 선다. 이는 상체가 주가 되고 하체 사용을 절제하도록 만들어 방향성에 도움을 주기 때문이다. 칩샷을 할 때 가장 중요한 요소는 스윙 시 손목을 단단하게 고정하는 것이다.

손목 흔들림이 많을수록 클럽의 로프트 각도가 수시로 변하기 때문에 공의 탄도와 방향이 정확해질 수가 없다. 정확한 탄도가 나와야만 정확하게 공을 굴려 홀에 가깝게 붙일 수 있다. 이를 위해서 백스윙할 때 양팔의 삼각형을 유지하면서 몸의 축을 따라 스윙을 해준다.

백스윙을 할 때 클럽과 손목이 인사이드로 당겨지지 않도록 주의해야 하며 손목은 코킹하지 않고 확실히 고정해주며 왼팔이 곧게 펴진 상태로 테이크백을 한다. 그 상태를 유지하며 폴로 스루까지 자연스럽게 보내준다는 느낌으로 스윙을 해야 한다. 폴로 스루에서 자신의 왼팔이 일직선으로 펴진 상태가 아니라면 테이크백을 할 때 팔을 고정해야 한다는 생각이 강해져 온몸이 경직되기 때문이다.

보다 자연스러운 스윙을 하기 위해서 임팩트 시 무릎을 자연스럽게 목표 방향을 향해 움직이되, 머리는 따라가는 것이 아니라 오른발 쪽으로 고정해 두고 상체와 무릎만 이용해 폴로 스루를 한다. 거리 감각은 개인에 따라 차이가 나기 때문에 정확한 거리를 알기 위해서는 자신만의 백스윙 크기와 리듬으로 거리 감각을 익혀 나가야 한다.

백스윙 크기로 거리감을 알았다면 다음으로 다양한 클럽을 이용해 칩샷을 한다. 가령 피칭웨지로 15m를 보낸다고 한다면 똑같은 스윙을 할 경우 9번 아이언은 20m, 8번 아이언은 25m로 한 클럽당 5m씩 더해 플레이하면 된다.

핀까지 73m(80yd) 이내 어프로치샷은 나이스온 정도로 스코어 향상을 기대하기 힘들다. 핀 가까이 붙여서 원 퍼트로 끝낼 수 있어야 한다. 어프로치샷을 잘하려면 일정한 스윙 궤도와 거리감을 갖춰야 한다. 스윙을 할 때마다 임팩트 강도가 다르면 비거리가 달라져 거리감을 익히기 어렵다. 일정한 스윙 궤도를 갖추고 거리감을 향상시키기 위해서는 거리별 어프로치샷 기준을 명확히 세우고 좌우 대칭 스윙 연습을 해야 한다. 거리는 36m(40yd), 54m(60yd), 73m(80yd) 세 가지의 스윙을 기본으로 하고 백스윙과 피니시 크기가 좌우 대칭을 이루듯 연습해 일정한 스윙을 만든다.

웨지를 사용한다는 전제하에 36m의 백스윙은 풀스윙의 절반 정도(허리와 골반 사이의 높이 정도), 54m는 풀스윙의 4분의 3 정도로 스윙하고(오른쪽 겨드랑이 높이 정도), 73m는 그대로 풀스윙을 해준다. 사람마다 백스윙의 크기는 차이가 나겠지만 세 가지 스윙 크기를 기준 삼아 높낮이를 조금씩 조절해가며 거리에 대한 감을 익혀보자.

우선, 손과 손목을 이용해서 스윙을 하지 않도록 주의해야 한다. 손과 손목을 이용한 스윙은 성공 확률이 많이 떨어진다. 손과 손목을 쓰는 습관을 고치기 위해선 백스윙을 할 때 손끝을 사용하지 않고 양쪽 팔이 삼각형을 유지한다는 느낌으로 백스윙을 해주고 스윙 중 손은 몸의 정면, 몸의 폭에서 최대한 벗어나지 않는 다는 느낌을 갖고 스윙을 한다.

어프로치샷 거리에 따라 스탠스와 공의 위치, 좌우 체중 비중이 달라진다. 스탠스는 거리에 따라 조금씩 달라지는데, 짧은 거리라면 좁은 스탠스, 먼 거리라면 넓은 스탠스를 취하는 게 기본이다. 공은 정중앙에 두고 73m 정도가 되면 공 하나 정도 오른쪽으로 옮긴다. 체중은 왼쪽 6, 오른쪽 4 정도로 두고 시선은 공을 바로 위에서 내려다본다. 이렇게 체중을 두면 머리 위치가 공 바로 위에 맞춰진다. 이것이 정확한 어프로치샷 자세다.

좀 더 부드럽게 어프로치샷을 하려면 약간의 오픈 스탠스가 필요하다. 오픈 스탠스 상태에서 풋워크(발놀림)가 쉬워지고 어프로치샷이 한결 부드러워지기 때문이다. 다만, 발을 과도하게 사용하면 공을 정확하게 맞추지 못할 수 있기 때문에 주의해야 한다. 그린 근처에서 뒤땅, 토핑, 생크Shank가 발생하는 가장 큰 이유도 과도하게 풋워크를 쓰기 때문이다. 스윙을 할 때 풋워크를 전혀 하고 있지 않다고 생각하고 스윙의 부드러움을 유지할 만큼만 사용하는 것이 이상적이다.

◉ 맨땅 어프로치 요령

손목 세우고 클럽 토toe로 스윙

봄철이나 겨울철에 맨땅이나 디봇처럼 잔디가 없는 곳에서 어프로치할 때가 많다. 맨땅의 경우에는 공과 지면에 공간이 없어 토핑이 나거나 뒤땅을 치는 실수를 저지른다. 맨땅에선 핸드 퍼스트Hand first로 쓸어 치는 게 요령이다. 어드레스는 일반적인 칩샷과 같다. 공의 위치는 평소보다 오른발 쪽에 놓고 손이 공보다 앞에 위치한 핸드 퍼스트를 취하며 체중은 왼발 쪽에 많이 둔다.

주의할 점은 클럽 헤드다. 맨땅에서 클럽 헤드의 힐 쪽이 먼저 닿으면 뒤땅이 나기 쉽다. 따라서 평소 어드레스와는 다르게 손목을 세워 클럽의 힐 부분을 살짝 든다. 클럽 헤드 바닥 전체가 지면에 닿아 있는 것이 아니라, 클럽 헤드의 토 부분만 지면에 닿도록 한다. 그러면 자연스럽게 공과 어드레스 간격이 약간 좁아지게 된다. 손목은 고정한 채 헤드와 손목이 함께 움직이도록 한다. 이 상태에서 스윙을 하면 약간 뒤땅을 치더라도 클럽이 땅에 깊숙이 박히지 않고 공을 쉽게 띄울 수 있다. 토로 임팩트를 줘 공을 맞춘다고 생각하면 칩샷과 비슷한 탄도이지만 공에 전달되는 힘은 80%라 의외로 공이 많이 구르지 않는다.

클럽은 가능하다면 짧게 쥐는 것이 유리하다. 스윙 중 클럽을 더 쉽게 제어할 수 있기 때문이다. 백스윙 때는 자연스럽게 손목을 써야 하겠지만 임팩트 직전부터는 칩샷을 하듯 손목을 단단히 고정시킨다. 임팩트 때 손목이 꺾이면 토핑이 되기 쉽다.

클럽 선택도 중요하다. 18~27m(20~30yd) 안에선 52도를 쓰지만 그 이상 거리에선 피칭웨지나 8~9번 아이언으로 칩샷을 하는 것이 실수를 줄이는 방법이다. 그린 주변에서 로프트가 있는 아이언을 쓰면 자칫 런이 많이 발생해 거리 조절에 실패할 수 있다. 맨땅에선 클럽도 오픈하지 말고 똑바로 세워서 쳐야 한다.

스윙은 러닝 어프로치Running approach와 같다. 하지만 스트로크 때 퍼트하듯이 지면과 평행하게 스윙하는 것이 중요하다. 주의할 점은 오른손으로 힘을 줘 볼을 때리려고 하면 토핑이 난다는 것이다. 즉 자연스럽게 스윙 속도를 정해 부드럽게 쳐내야 한다.

구분	내용
공 위치	오른발 앞
손 위치	공보다 앞
그립	짧게 내려 잡고 손목을 세운다
클럽 선택	18~27m 안에서 52도, 그 외에는 피칭웨지나 8~9번 아이언
클럽 헤드	힐(heel)을 들고 토(toe)를 지면에 댄다

| 〈표3-2〉 맨땅 어프로치 요령
출처: 매경이코노미, 2012년 5월 7일

18홀

스트로크의
비밀

◉ 나만의 퍼트 스타일 찾기

골프가 능숙해질수록 어렵게 느껴지는 것이 퍼트다. 퍼트의
형태도 스윙만큼이나 각인각색이다. 퍼트의 핵심은 스트로크다.
스트로크 방법은 크게 2개로 나뉜다. 일자형과 인투인in-to-in 스
트로크다.

퍼트는 자기 스타일에 맞는 방법을 찾는 것이 중요하다. 기본
적으로 짧은 거리에서는 퍼터 헤드를 일직선으로 뺐다가 일직선

으로 밀어주는 스트로크를 하고 롱퍼트에서는 헤드가 약간 타원형을 그려야 임팩트하기 편하다. 즉, 헤드가 백스윙 때 살짝 안쪽으로 들어왔다가 임팩트 때 스퀘어(직각)를 유지하고, 팔로 스루때 다시 안쪽으로 이동하는 인투인 스트로크가 된다. 여기서 중요한 점은 일자형이든 타원형이든 임팩트 때 헤드가 스퀘어를 이뤄야 한다는 것이다. 공을 가운데 두고 앞뒤로 10cm 정도는 직선을 유지한다.

몸을 움츠리면 일자형, 서서 하면 인투인 스트로크

퍼트 자세에 따라 스트로크가 구분되기도 한다. 퍼트를 서서하는 스타일이라면 인투인 궤도가 유리하고 잔뜩 수그린 채 퍼트를 하는 골퍼라면 일자형 스트로크가 몸에 맞는다. 이는 과학적으로 증명됐다. 몸을 움츠리면 서서 스트로크하는 것보다 퍼트의 직선거리가 더 길어지기 때문이다. 반대로 서면 설수록 타원형 포물선은 더 커지게 된다. 이 방법들은 어디까지나 이론이다. 퍼트는 결국 '멘털'이기 때문에 자세를 숙이고 하든 서서 하든 주변 상황에 아랑곳하지 않고 잘 넣는 배짱과 일관된 스트로크가 필요하다.

아마추어 골퍼들이 퍼트 스트로크에서 저지르기 쉬운 실수는 테이크백 크기다. 기본적으로 골퍼들은 거리에 비해 테이크백을 크게 하는 경향이 있다. 테이크백이 큰 상태에선 공을 퍼터에 제대로 맞출 수 없다. 흔히 말하는 터치감이다. 볼 터치는 일종의 임팩트로 퍼터 헤드의 스위트 스폿Sweet spot에 볼을 정확히 맞추는 것을 말한다.

아마추어 골퍼들은 테이크백은 되도록 작게 하면서 다운 스윙 때 헤드를 가속시키며 스트로크하는 것을 권장한다. 물론 테이크백을 크게 하면서도 공을 쏙쏙 홀에 넣는 골퍼도 있다. 그러나 대부분의 아마추어 골퍼들은 테이크백이 커지면 헤드가 감속하거나 임팩트가 느슨해져 공을 정확히 임팩트하지 못한다. 따라서 퍼터 헤드를 오른발 밖으로 나가지 않도록 테이크백을 만들어 다운 스윙 때 헤드를 가속시키는 연습을 해야 한다.

퍼터는 취향 문제라 어느 것이 낫고 어느 것이 나쁘다고 단정할 수 없다. 다만, 일자형은 상대적으로 거리 조절을 하기 쉽고 반달형은 직진으로 공을 보내는 데 유리하다. 방향성이 좋지만 거리 조절을 어렵게 느끼는 사람은 일자형을, 반대로 거리감은 좋지만 방향성이 떨어지는 사람은 반달형 퍼터를 쓰는 게 유리하다. 또한 공을 때리는 스타일이면 가벼운 일자형이, 밀어 치는 스트로크 스타일이라면 무거운 반달형 퍼터가 적합하다.

◉ 그린 주변 퍼트 요령

왼쪽에 체중 두고 페이스 살짝 열기

그린 근처Fringe(프린지)에서 퍼트를 할 것인지, 칩샷을 할 것인지 망설여질 때가 많다. 그린 주변에서 가급적 퍼터로 굴리는 것이 타수를 줄이는 지름길이다. 프로 선수들이 연습 라운드 때 프린지에서 컵까지 공을 굴리는 연습을 많이 한다. 주말 골퍼도 프린지에서 퍼트를 하는 것이 성공 확률이 높다. 퍼트를 하면 뒤땅을 치거나 토핑을 할 가능성이 거의 없기 때문이다.

그린 주변에서 퍼트를 할 때는 공의 위치나 스탠스 너비, 그립 등은 일반 퍼트 자세와 동일하게 가져간다. 왼쪽 다리에 체중을 60~70% 이상 두고 퍼터 페이스를 살짝 열어 치면 공이 보다 잘 구른다. 연습 스트로크를 할 때 공에서 홀까지의 거리를 머릿속에서 연상한다. 일단 공이 순탄하게 굴러갈 수 있는 지면인지 점검한다. 풀의 저항을 감안하고 언덕의 높낮이에 따른 거리를 계산한다. 그리고 확률적으로 미스샷이 났을 때 길어야 좋은지 짧아야 더 좋은지도 생각한다.

퍼터를 쓰기 곤란한 라이나 웨지를 사용하기 가까운 거리일 때는 페어웨이 우드 칩샷을 한다. 우드로 칩샷하는 방법은 퍼트하는 것과 똑같다. 공을 스탠스 중앙에 놓고 클럽을 짧게 잡고 퍼트 그립처럼 우드를 잡는다. 손목의 움직임을 자제하고 퍼트 스트로크와 똑같이 해주면 된다. 단, 퍼트는 폴로 스루가 있지만 우드 칩샷은 임팩트 직후 헤드가 그 자리에서 멈추듯 끊어 치는 스트로크를 해야 한다.

퍼트 그립에 따라 거리와 방향성이 차이를 보이는 것도 알아둬야 한다. 거리 맞추는 데는 왼손 검지가 오른손의 위로 올라가는 오버래핑 그립이 효과적이다. 이 그립은 롱퍼트할 때나 그린 주변 퍼트에 안성맞춤이다. 스트로크가 부드럽게 이뤄지므로 임팩트 후 공이 튀는 등의 현상도 줄어든다. 하지만 손목이 꺾여 임팩트 때 퍼터 페이스가 열리거나 닫힐 수 있다. 반대로 거리보다 방향성을 중시한 그립은 '크로스 핸디드 그립(역그립)'이다. 박인비 선수가 쓰는 이 그립은 왼손이 오른손보다 아래쪽에 위치한다. 역그립은 손목 움직임을 최대한 억제해 방향성이 좋아지지만 거리감은 좀 떨어지는 단점이 있다.

참고 자료 및 문헌(가나다 순)

- 도움말: 김소영, 김재환, 김종덕, 빌리 마틴(Billy Martin), 손보란, 서아람, 신지은, 윤슬아, 조윤식 프로

인터넷 사이트

- 골프존: www.golfzon.com
- SBS골프: golf.sbs.co.kr
- HSBC은행 '골프 팩터(Golf Factor)' 설문조사: www.hsbc.co.kr/1/2/Misc /press-ko/press-080218
- J골프: www.jtbcgolf.com

기사

- 〈골프선수 마케팅 열전…대외 이미지 '굿', 자산유치도 '프로'〉, 매경이코노미, 2010년 11월 3일.
- 〈골프 스폰서 '로고의 법칙'…최고 '로고 명당'은 모자 정면〉, 매일경제, 2014년 12월 5일.
- 〈골프 잘치는 사장은 회사경영도 잘한다〉, 동아일보, 1998년 5월 31일.
- 〈골프 잘치면 경영도 '굿샷'…美CEO 핸디캡과 주가 연관성 조사〉, 한국경제, 2004년 9월 16일.
- 〈골프투어 Are you a scratch player?〉, 매일경제, 2005년 11월 27일.
- 〈극과 극인 남녀 메이저 대회 스폰서〉, 이코노미스트, 2015년 6월 29일.
- 〈김영란법 후폭풍…'골프접대' 된서리 맞나?〉 KBS, 2015년 3월 3일.

- 〈대기업 총수들의 골프 경영학〉, 신동아, 2002년 3월호.
- 〈[묵현상의 골프 뒷얘기] 접대 골프의 최후 승자〉, 매경이코노미, 2008년 4월 9일.
- 〈민주당 출신 오바마, 골프 룰은 '보수적'〉, 한국일보, 2015년 1월 5일.
- 〈비즈니스 골프〉, 매경이코노미, 2011년 6월 8일~8월 10일.
- 〈Special Knowledge 〈564〉 비즈니스 에티켓〉, 중앙일보, 2015년 3월 16일.
- 〈스크린골프 초절정 고수 장보근의 비법〉, 신동아, 2014년 6월호.
- 〈'이익추구'와 '손실회피'의 경제학〉, 매일경제, 2014년 4월 7일.
- 〈PGA신인왕 유력 존 허의 인생역전〉, 동아일보, 2012년 10월 16일.
- 〈투어프로의 원포인트 레슨〉, 매경이코노미, 2011년 8월 17일~2012년 5월 14일.
- 〈훼방꾼, 혁신가 그리고 도전자들〉, 골프다이제스트, 2014년 11월 10일.

문헌

- 김영안 지음, 《나이스샷! 굿 비즈니스》, 세빛에듀넷, 2008.
- 김헌 지음, 《스윙과 삶을 다스리는 마음골프》, 위즈덤하우스, 2009.
- 김홍구 지음, 《골프란 무엇인가》, 한국경제신문사, 2008.
- 나이토 유지 지음, 박나영 옮김, 《골프 명코치 나이토 유지의 파세이브를 노리자》, 영진닷컴, 2011.
- 박석원 지음, 《손에 잡히는 골프룰》, 꿈엔LIFE, 2010.
- 박순표 지음, 이현세 그림, 《골프가 뭐길래》, 새론P&B, 2012.
- 오태식 지음, 《그래, 난 골프에 미쳤다》, 매일경제신문사, 2011.

- 윤선달 지음, 《FUN & JOKE 알까기 골프 1》, 선암사, 2008.

- 윤은기 지음, 《윤은기의 골프마인드 경영마인드》, 한스미디어, 2005.

- 전성철 · 최철규 지음, 《협상의 10계명》, 웅진윙스, 2009.

- 조건진 지음, 《매너골프로 승부하는 비즈니스 라운드》, 웅진리빙하우스, 2008.

- 팻 섬머롤 지음, 문필승 옮김, 《인맥을 만드는 비즈니스 골프》, 책과길, 2002.

성장의 챔피언

- 저자 : The Growth Agenda
- 자기계발/경영 · 경제
- 신국판 · 368쪽
- 정가 17,000원

삼성전자, 애플, 구글, 아마존 등 글로벌 기업 20곳의 성공비결을 다양한 자료와 인터뷰로 꾸몄다.

마피아의 실전 경영학

- 저자 : 루이스 페란테
- 자기계발
- 신국판 · 376쪽
- 정가 14,500원

〈비즈니스위크〉가 말하는 암흑가의 경영 구루가 쓴 현대판 군주론이다.

행운을 잡는 8가지 기술

- 저자 : 소어 뮬러
          레인 베커
- 자기계발/경영 · 경제
- 신국판 · 352쪽
- 정가 15,000원

우리가 어떻게 해야 운 좋은 사람이 될 수 있는지를 과학적으로 논했다.
뉴욕타임스 베스트셀러

병법에서 비즈니스 전략을 읽다

- 저자 : 후쿠다 고이치
- 자기계발/리더십
- 신국판 · 336쪽
- 정가 15,000원

더 이상의 병법서는 없다. 현존하는 주요 병법서를 종합한 현대판 손자병법이다.

리퀴드 리더십

- 저자 : 브래드 스졸로제
- 자기계발/리더십
- 신국판 · 376쪽
- 정가 15,500원

버르장머리 없는 Y세대와 잔소리꾼 베이비부머가 함께 어울리는 법이 담겼다.
아마존 베스트셀러

마음을 흔드는 한 문장

- 저자 : 라이오넬 살렘
- 경제/경영
- 신국판 · 448쪽
- 정가 20,000원

2200개 이상의 광고 카피를 분석해 글로벌 기업의 최신 슬로건을 정리했다.

세종처럼 읽고 다산처럼 써라

- 저자 : 다이애나 홍
- 인문/에세이
- 신국판 · 248쪽
- 정가 14,000원

책 읽기와 글 쓰기는 최고의 자기계발법이다. 세종과 다산, 두 위인의 발자취를 에세이 형식으로 풀어냈다. 저자인 다이애나 홍은 한국독서경영연구원을 이끌며 대한민국 1호 독서 디자이너로 활약 중이다.

깐깐한 기자와 대화하는 법

- 저자 : 제프 앤셀
  제프리 리슨
- 자기계발/언론
- 신국판 · 272쪽
- 정가 14,000원

기자 출신으로 세계적인 커뮤니케이션 컨설턴트가 말하는 실전 대언론전략서다. 기업 임원, 홍보 담당자, 정계 인사라면 꼭 읽어야 할 책이다.

내 안의 겁쟁이 길들이기

- 저자 : 이름트라우트 타르
- 자기계발/심리
- 신국판 · 236쪽
- 정가 13,500원

심리치료사이자 독일의 유명무대 연주자가 쓴 무대공포증 정복 비법. 이달의 읽을 만한 책(한국출판문화산업진흥원)으로 선정된 바 있다.

내 안의 자신감 길들이기

- 저자 : 바톤 골드스미스
- 자기계발/심리
- 신국판 · 316쪽
- 정가 13,800원

도전에 맞서기가 두려운 이유는 자신에 대한 믿음이 부족하기 때문이다. 이 책은 자신감이 부족한 당신의 삶을 바꿀 수 있는 계기가 될 것이다.

세상에 쓸모없는 사람은 없다

- 저자 : 웨이완레이, 양센쥐
- 경제/경영
- 신국판 · 368쪽
- 정가 15,000원

전 세계에서 《성경》과 《공산당선언》 다음으로 많이 보급된 《노자》. 이 《노자》에 담긴 경영 사상을 도(道), 덕(德), 유(柔), 무(無), 반(反), 수(水)로 종합해 설명했다.

서로를 사랑하지 못하는 엄마와 딸

- 저자 : 호로이와 히데아키
- 인문/에세이
- 국판 · 236쪽
- 정가 13,000원

서로를 사랑하지 못하는 모녀들의 이야기. 실제 상담 사례를 각색해 그들이 상처를 치유해 가는 과정을 보여준다.

량원건과 싼이그룹 이야기

- 저자 : 허전린
- 경제/경영
- 신국판 · 320쪽
- 정가 14,500원

중국 최고의 중공업기업인 싼이그룹과 량원건 그룹 회장에 대한 이야기이다. 허름한 용접공장에서 시작된 싼이그룹이 어떻게 중국 최고에 올랐는지를 분석했다. 저자 허전린은 최측근에서 량 회장을 보좌하면서 알게 된 그의 철학 등을 허심탄회하게 풀어나간다.

벤츠 · 베토벤 · 분데스리가

- 저자 : 최연혜
- 인문/에세이
- 신국판 · 328쪽
- 정가 14,000원

이 책은 독일과 독일인에 대해 한국인의 시선으로 심도 있게 분석한다. 이를 통해 한국이 나아갈 방향을 제시한다. 저자 최연혜 코레일 사장은 서울대학교와 동 대학원에서 독문학을 전공하고, 독일 만하임대학교에서 경영학 박사 학위를 취득한 자타공인 독일 전문가다.

반성의 역설

- 저자 : 오카모토 시게키
- 인문/교육
- 국판 · 264쪽
- 정가 13,800원

저자는 교도소에 수감 중인 수형자를 교정지도하고 있는 범죄 심리 전문가다. 그는 수감자와의 상담을 통해 반성의 역설적인 면을 폭로한다. 이를 통해 진정한 반성이 무엇인지를 고민했다.

누가 왕따를 만드는가

- 저자 : 아카사카 노리오
- 인문/사회
- 신국판 · 320쪽
- 정가 14,500원

차별 문제를 '배제'라는 키워드로 풀었다. 배제의 현상을 학교 내 따돌림, 노숙자 살인, 사이비 종교, 묻지마 범죄, 장애인 차별, 젊은이들의 현실 도피 등 6개 주제로 나누어 분석했다.

유대인 유치원에서 배운 것들

- 저자 : 우웨이닝
- 육아/유대인 교육
- 신국판 · 260쪽
- 정가 13,000원

유대인의 교육 철학은 유명하다. 이렇게 유명한 데는 이유가 있는 법! 이 책은 자녀교육의 모범답안이라는 유대인의 교육법을 동양인의 시선으로 바라봤다.

내 안의 마음습관 길들이기

- 저자 : 수제, 진훙수
- 자기계발/심리
- 신국판 · 264쪽
- 정가 13,500원

생활 속에서 흔히 경험하는 심리 현상을 소개하고, 사람들의 행동에 숨겨진 심리적 원인을 쉬운 언어로 해석했다. 더불어 자신의 마음을 다스리고, 원활하게 사회생활을 해 나갈 수 있는 구체적인 방법을 제시한다.

생각의 크기만큼 자란다

- 저자 : 장석만
- 청소년/철학
- 국판 · 224쪽
- 정가 12,000원

이 책에서는 '창의력이란 무엇일까?'라는 물음에 70명의 위인들이 답한다. 남들과 다른 생각으로 세상을 바꾼 인물들의 이야기가 나온다. 대한출판문화협회와 한국출판문화진흥재단이 선정한 '2015 올해의 청소년교양도서' 중 하나다.

모략의 기술

- 저자 : 장스완
- 인문/고전
- 신국판 · 288쪽
- 정가 14,000원

귀곡자는 중국 역사상 가장 혼란했다는 전국시대에 제후들 사이를 오가며 약한 나라일수록 종횡으로 힘을 이용해야 한다고 주장한 책략가였다. 지금까지 국내에 잘 알려지지 않았던 그의 주장을 현대에 맞게 자기계발서로 재구성했다.

돈, 피, 혁명

- 저자 : 조지 쿠퍼
- 경제학/교양 과학
- 신국판 · 272쪽
- 정가 15,000원

이 책은 혼란했던 과학혁명 직전의 시기를 예로 들어 경제학에도 혁명이 임박했음을 이야기한다. 과학혁명 이전 혼란기의 천문학, 의학, 생물학, 지질학과 현재 혼란기를 겪고 있는 경제학의 유사점이 흥미진지하게 전개된다.

상처를 넘어설 용기

- 저자 : 나영채
- 심리학/심리 에세이
- 신국판 · 276쪽
- 정가 14,000원

심리상담 전문가인 저자는 자신의 경험과 여러 상담 사례를 통해 독자들에게 끌어가는 삶을 살 것인지 끌려가는 삶을 살 것인지를 묻는다. 과거와 이별하면 현재가 보이며 그렇게 됐을 때 앞으로의 삶을 주도적으로 살 수 있게 된다고 주장한다.

엄마의 감정수업

- 저자 : 나오미 스태들런
- 육아심리/자녀교육
- 신국판 · 368쪽
- 정가 14,800원

엄마라면 누구나 공감할 만한 생생한 목소리가 담겼다. 육아 분야 베스트셀러 저자이자 심리 치료사인 저자가 운영하는 엄마들을 위한 토론 모임에서 나왔던 많은 엄마들의 사례를 통해 엄마와 아이의 바람직한 애착 관계에 대해 이야기한다.

희망을 뜨개하는 남자

- 저자 : 조성진
- 자기계발/경제 · 경영
- 신국판 · 268쪽
- 정가 14,000원

공병호, 김미경, 최희수 등이 추천하는 감동 휴먼 스토리이자 특별한 성공 노하우가 담긴 자기계발서다. 보통 사람들이 범접하기 힘든 분야의 거창한 성공담이 아닌 가진 것 없던 보통 사람의 경험이 글에 녹아 있다.